사람과 사람
사이

사람과 사람 사이
생애 첫 중동여행

초판 1쇄 발행 2023년 9월 1일

지은이 차노휘
펴낸이 장길수
펴낸곳 지식과감성#
출판등록 제2012-000081호

교정 한장희
디자인 이현
편집 이현
검수 김서아
마케팅 김윤길

주소 서울시 금천구 벚꽃로298 대륭포스트타워6차 1212호
전화 070-4651-3730~4
팩스 070-4325-7006
이메일 ksbookup@naver.com
홈페이지 www.knsbookup.com

ISBN 979-11-392-1277-8(03810)
값 16,700원

- 이 책의 판권은 지은이에게 있습니다.
- 이 책 내용의 전부 또는 일부를 재사용하려면 반드시 지은이의 서면 동의를 받아야 합니다.
- 잘못된 책은 구입하신 곳에서 바꾸어 드립니다.

지식과감성#
홈페이지 바로가기

이집트에서 튀르키예까지

사람과 사람 사이

생애 첫 중동여행

사진, 글 차노휘

작가의 말

　사람과 사람 사이에 나는 일정한 거리가 존재한다고 생각했다. 일정한 거리는 서로의 사생활을 보호해 주는 배려의 거리이기도 했다. 생애 첫 중동여행을 다녀오고 나서야 알았다. 사람과 사람 사이에는 거리가 아니라 마음이 존재한다는 것을. 긴장했던 생애 첫 중동여행. 카이로에서 밀렌드 가족을 만난 뒤로 6개월 뒤, 다시 그곳을 찾았듯이 사람과 사람을 연결하는 마음은 물리적인 거리도 단숨에 좁히는 축지법과 같았다.
　이렇게 여행은 내 몸의 피처럼 내 인생의 일부가 되었다. 여행하고 돌아오면 일상이 윤택해지니 일상은 여행에 빚을 진 것이고 여행 또한 구심점이 되는 일상으로 돌아갈 수 있다는 데에서 평안을 선물받는다. 그래서 여행이 간혹 일상 같고 일상이 여행 같은, 익숙함과 낯섦의 두 영역을 넘나들며 오늘도 나는 내 삶을 일구고 있다.
　이곳에 실은 여행의 흔적들은 팬데믹 전의 시간들이다. 2018년 7월 포르투갈 리스본에서 시작해서 스페인 산티아고 데 콤포스텔라까지 도상거리 700km 순례길을 마치고 이집트, 요르단을 거쳐 이스라엘에서

TRAVEL

보냈던 한 달여 동안의 시간들을 그리고 2021년 1월 27일 튀르키예에 도착해서 같은 해 3월 1일 귀국할 때까지 시간들을 스케치하듯 담았다.

  이집트와 요르단, 이스라엘 그리고 튀르키예에서도 현지인들의 인심은 넉넉했다. 여행은 사람이었다. 사람인 여행. 이 책은 그들과 좌충우돌하며 교감하는 시간들로 이루어졌다. 다행히 내 여행길 온도는 늘 봄날과 같았다.

  여행지에서 만났던 모든 분들께 감사를 전한다.

2023. 8.

차례

작가의 말 4

이집트

1
생애, 첫 중동여행
버스로, 걸어서… 이집트의 민낯이 보고 싶었다 12

2
나이는 어리지만, 그 어떤 중동 남자들보다
기품 있던 이라크 청년 이즈마엘 18

3
'슬픈 연가'처럼 긴 여운을 남기는 소리
영원히 끝나지 않을 길 위에서 만난 아잔과 시샤 24

4
이집트 위스키 한 잔에 방방 뛰는 춤,
이들의 못 말리는 열정 30

5
중동서 노출 즐기는 여자라니, 사막서 입은 비키니의 짜릿함!
이집트 여행의 하이라이트 사막 투어 36

요르단

6
태양이 세 개 정도나 될 것 같은 한낮의 눈부심
요르단 암만 46

7
PM 7시 30분, 붉은 달이 떠올랐다,
시타델로 향하는 두 명의 남자와의 에피소드 54

8
사막의 '커피'와 '담배'는 정말 비타민일까
요르단의 두 가지 비타민 62

9
암벽 타며 하얀 포말 속으로,
생명의 기운, 와디무집 계곡 어드벤처 70

10
앗, 비행기를 놓쳤다!
인생 최고의 실수를 저질렀지만 78

이스라엘

11
미로 같은 골목길,
예루살렘에서 길을 잃다 86

12
'항거'이면서 '자유'에 대한 갈망
저 벽은 누구를 위해 존재하는가 94

13
돌아갈 '나라'가 있고, 짐을 풀 '집'이 있어서 여행이 '더' 좋다
귀국하는 시간들 102

튀르키예

14
지금의 튀르키예를 이해하려면 꼭 알아야 하는 인물
각종 개혁 정치 이룬 튀르키예인의 아버지, 아타튀르크 112

15
군사 쿠데타마저 실패로… '튀르키예'의 시간은 거꾸로 간다
시대를 역행하는 21세기 술탄, 에르도안 118

16
튀르키예의 종교 이슬람교 124

17
목욕탕을 리모델링한 예술 극장, 여기서 추는 특별한 춤
'나'를 비워 신과 가까워지려는 몸짓, 드레비시 세마 댄스 132

18
'국부'라는 칭호를 받자마자 이혼한 지도자
관용의 상징, 메블라나 잘랄레딘 루미 138

19
튀르키예 대지진 때도 끄떡없던 성당, 그 건축의 비밀
핏빛 위에 세워진 아야 소피아 146

20
농부가 우연히 발견한 지하도시, 그 상상도 못 할 규모
카파도키아 지하도시 157

21
튀르키예 경제를 알려면 갈라타 다리Galata Köprüsü로 가라?
원경도 근경도 아름다운 나라 167

22
이스탄불에서 제일 우아하다는 쉴레이마니예 모스크
건축가 미마르 시난의 이루지 못한 사랑의 완성품 174

23
황자로 태어났지만 황제가 되지 못하는 비극
황자들의 유배지 뷔위카다 섬 182

24
'못생긴 곳에서 달콤한 곳으로' 여기 사람들의 생존법
시린제, 현대의 디아스포라 190

25
클레오파트라도 자주 목욕했다는 '치유의 물'이 있는 곳
신보다는 불굴의 의지를 가진 인간 197

26
튀르키예에서 고양이를 죽이면 듣는 말
견주이면서 집사인 튀르키예인들 208

27
연인의 탑이라 불리는 곳의 '웃기는 스토리'
도시마다 떠도는 이야기들 214

마무리하며 222

사람과
사람 사이

여행은 사람이다. 그 사람과의 인연이 계속된다면
결코 끝나지 않는 여행을 하고 있는 것이다.
좋은 사람과의 만남이 곧 좋은 여행이 된다.
나는 충분히 여행을 잘 하고 있다.
내게 튀르키예 커피를 입맛 들게 한 밀렌드 가족과의 만남도
이즈마엘처럼 계속해서 이어지고 있으니까 말이다.

이집트

①

생애, 첫 중동여행
버스로, 걸어서… 이집트의 민낯이 보고 싶었다

이집트 카이로에 도착하다 ~~~~~

 2018년 8월 15일 오전 1시 30분에 바르셀로나에서 아테네로 출발, 아테네에서 7시 30분 비행기를 타고 카이로 국제공항에 두 시간 만에 도착할 때 나는 심호흡을 해야 했다. 공항 보안 수속은 왜 그렇게 까다로운지, 기내 좌석에서 잔다는 것 또한 얼마나 끔찍한지, 라는 것보다 공항 밖을 나가자마자 '삐끼'들과 전쟁을 치러야 한다는 정보가 마음의 채비를 단단히 하게 했다.
 나는 공항에서 숙소가 있는 시내까지 한 시간에 우리나라 돈으로 1만 5천 원에서 2만 원까지 달라는 택시 기사들을 용감하게 물리치고 버스 두 번 타는 것까지는 성공했다. 구글맵에도 나오지 않은 버스 번호였다. 현지인에게 물어물어 갔다. 나는 도보 여행에 최선을 다하려고 했다. 도보 여행이란 걷는 것에 비중을 두지만 교통수단을 이용해야 할 경우에는 현지인과 좀 더 밀접하게 접촉할 수 있어야 한다고 나름대로 정의하고 있었다. 그렇게 해서 이집트의 민낯을 보고 싶었다.
 보긴 했다.
 정 많은 사람과 친절을 넘은 오지랖, 바가지요금과 뒤통수치듯 잇속 챙기기 그리고 마른 먼지바람과 행인과 차가 뒤얽혔다. 낡은 건물은 지렁이 기어가듯 판독할 수 없는 간판을 이고 있고 동양 여성을 보면 요란하게 클랙슨을 울리거나 사진을 같이 찍자거나 하는 등의 과잉 행동은 나이를 불문한 남자들의 제스처였다. 이것은 시작에 불과했다.

사기 도시 혹은 미친 도시?

'그럼, 그렇지. 내가 누구야? 차노휘지?'

물어 물어서 버스 두 번 타고 숙소 근처까지 왔을 때만도 자신감이 하늘을 찔렀다. 구글맵에서 숙소를 검색하니 몇 미터도 되지 않았다. 하지만 바로 앞이 고가도로 아래 4차선이었다. 4차선인데도 사람들이 무단횡단을 했다. 내 몸은 횡단보도 앞에만 서면 달리던 차가 멈추는 보행자 우선 중심의 유럽 교통 시스템에서 아직 빠져나오지 못하고 있었다. 카이로에 도착하기 전에 산티아고 순례길을 마치고 바르셀로나에서 며칠 머무른 뒤 이집트에 왔던 거였다.

구글맵에서 '도보'를 검색했다. 걸어가는 방향이 사뭇 이상했다. 바로 가면 5분이면 될 거리가 왼쪽으로 한참 내려가다가 다시 돌아오는 식으로 줄이 그어져 있었다.뒤에 알게 된 사실이지만 횡단보도가 왼쪽으로 쭉 가야 있었다. 실제 거리는 횡단보도도 필요 없었다. 무조건 자동차 우선이었다. 잠도 거의 자지 못하고 오느라 에너지를 많이 소모했다. 어서 쉬고 싶었다. 마침 정차해 있던 택시와 흥정을 했다.

6~7천 원 정도 요금을 제시한 택시 기사 말에 그러자고 했다. 택시에 오르자 이 남자, 엉뚱한 길로만 간다. 내가 지도를 보고 있다는 것을 모르는 듯했다. 돌아가자는 말에 숙소 근처까지 와서는 또 생각지 못한 방향으로 간다. 영어도 못한다. 나는 답답한 마음에 내비게이션을

보여 주며 그대로 따라가라고 했다. 숙소 근처까지 오자 무조건 내려 달라고 했다. 그 남자는 돈 걱정만 했다. 그는 돈만큼 달려야 한다는 압박감에 가까운 거리를 빙빙 에둘러서 나를 내려 줄 심산이었던 것이다.

숙소에 들어와서는 또 어떠한가. 부킹닷컴에서 이미 예약했던 곳은 다 나갔다며 더 비싼 곳밖에 없다고 했다. 숙소 또한 1층이 아니라 4층이라 상가 근처 사람들에게 사진을 들이밀면서 물어서 왔다. 울며 겨자 먹기로 2인실로 들어갔다. 예약한 룸은 4인실이었다.

룸에는 이미 상주하고 있는 20대 초반 정도로 보이는 무슬림 대학생이 있었다. 그녀는 인근 국가에서 왔는데 비자 연장이 힘들다고 했다. 의대생이었다. 영어가 능숙했으며 종업원에게 시트를 갈아 달라, 무엇이 부족하다 등 요구하며 아랫사람 대하듯 부리는 것에 능숙했다. 틈만 나면 안내 데스크에 가서 수다를 떨었다.

나는 샤워를 하고 맥주 한 잔을 마신 뒤 침대로 들어가고 싶었다. 이집트에서 술을 마시지 못한다는 것을 처음에는 알지 못했다. 술을 간신히 샀다고 해도 휴게실이나 식당 등 공공장소에서는 마실 수 없었다. 침실에서만 가능했다. 하지만 룸메이트가 무슬림 여자였다.

무슬림 여자는 내게 이것저것을 물어본 뒤 안내 데스크에 있는 관광 상품을 가지고 와서 열성적으로 추천했다. 내가 숙소에서 제시한 관광 상품을 사면 그녀에게 얼마 정도 수수료가 떨어지는 것일까. 아무래도 좋았다. 부드러운 목소리로 나를 걱정하듯이 말하는 그녀의 말투에는 협박성이 있었다.

"너는 혼자 왔잖아. 더군다나 여자잖아. 이곳 남자들을 조심해야 해. 혼자 다니는 것은 위험하다고…."

그래도 혼자 해 보기

이곳 모든 사람을 잠정적인 범죄자로 만드는 그녀의 화술에 거부감이 일었다. 다음 날 당당하게 울며 겨자 먹기로 바가지요금 택시를 타고 이집트 박물관에 '혼자' 갔다. 그다음부터 우버 택시 어플을 다운로드하여 우버 택시만 이용했다. 우버 택시는 사용자가 출발 지점과 도착 지점을 입력하게 되어 있고 예상 요금도 제시된다. 인근에 있는 차를 선택하면 선택된 차 번호와 운전자 이름이 뜬다. 서비스가 끝났을 때 서로를 평가하는 항목도 있다. 평점이 낮은 운전자는 그 점수가 고스란히 드러나기 때문에 운행 자체가 힘들 수 있다. 그래서 우버 택시는 사기를 칠 수 없다. 유럽에서는 버스와 전철이 잘 되어 있어 우버 택시를 이용할 기회가 없었다.

이집트 박물관에 도착했다. 이집트 박물관 입장료는 내국인보다 외국인에게 훨씬 비싸게 받는다. 어차피 보러 온 거니까 입장해야 했다. 입장료를 지불하고 보안 수속을 밟고 박물관 정원에서 입장 순서를 기다렸다.

그때 내게 다가온 한 남자가 있었다. 박물관 안내를 담당하는 프리 도슨트였다. 얼굴빛이 검은 건장한 사내가 내게 와서 끊임없이 말을 걸었다. 그 남자의 끈질김이 성공한 탓일까. 이왕 왔으니 공부하는 셈 치고 비용을 물었다. 한 시간 반이나 두 시간 정도 걸리는 데 3만 원 정도라고 했다. 환율 차이를 생각해도 싼 편은 아니었다. 하지만 나만을 위한 도슨트이기에 승낙했다.

공부를 많이 한 듯 설명이 훌륭했다. 나는 에어컨이 없는 그곳에서 땀을 흘리면서 2층에 있는 미라까지 관람을 다 끝냈다. 비용을 지불하고는 유종의 미를 거두기만 하면 되었다.

웬걸! 총 해설비가 3만 원이 아니라 시간당 요금이라고 말을 바꾸는 게 아닌가. 야무지게 뒤통수를 가격당한 느낌이었다. 굴복할 수가 없었다. 큰소리로 항의했다. 그는 생각보다 질기지 않았다. 곧 꼬리를 내리면서 내일 피라미드 보러 갈 때도 자기를 불러 달라고 했다.
 나는 그를 보내고 박물관을 다시 둘러봤다. 오래전 왕들의 무덤에서 나온 동상들 사이를 지나갈 즈음 기운이 빠지면서 이런 생각이 드는 것이다. 온 도시가 나를 두고 사기를 치는 것은 아닐까.
 중동이 제대로 내게 환영식을 치러 주고 있었다. 처음으로 패키지가 아닌 혼자 하는 여행을 후회하려고 했다. 다행히 그런 일은 일어나지 않았다. 곧 밀렌드 가족과 이라크 청년 이즈마엘을 만났으니까 말이다.

로컬 버스 타기　　　　　　　　　　　　　　이집트 아침 식사

고등학생인 밀렌드(왼쪽 첫 번째). 그의 아버지 사무실이 2층. 내 숙소는 4층이었다. 건물 안에서 우연한 만남이 그의 가족과의 인연으로 발전했다.

숙소에서 내려다본 거리. 사람과 차가 뒤섞여 있다.

② 나이는 어리지만, 그 어떤 중동 남자들보다 기품 있던 이라크 청년 이즈마엘

이집트 사람만 아니면 되었다 ~~~~~

이즈마엘과의 만남은 극적이었다.

박물관 프리 도슨트와 헤어지고 나서 2층에 있는 화장실을 찾았다. 몸과 마음을 비우고는 박물관을 한 바퀴 둘러보면서 기분을 환기시키고 싶었다. 하지만 화장실에서부터 꼬였다. 공항 화장실에서는 나이 든 여자가 지키고 있으면서 푼돈을 받았다. 박물관 화장실도 히잡 쓴 젊은 여자 셋이 입구에 서 있었다. 나는 화장실 이용료가 얼마냐고 물었다. 세 여자는 그냥 까르르 웃기만 했다. 재차 물었다. 그녀들은 입을 가리면서 또 웃었다. 나는 듣든 말든 그럼 공짜라는 거지? 하고는 화장실을 이용하고 나왔다.

계단을 내려가는 내 발에 힘이 풀렸다. 이 건물 밖을 나가면 어떤 일이 또 기다리고 있을까. 도저히 정을 줄 수 없는 도시였다. 가벼운 현기증까지 일었다. 계단 참에서 그만 발을 헛디디면서 넘어지고 말았다.

일어나면서 신음을 뱉었다. 누군가가 손을 내밀었지만 자존심 때문에 쳐다보지 않았다. 담담하게 괜찮다고 하면서 옷매무새를 가다듬고 일어섰다. 내밀었던 손이 들어갔다. 돌아서려는데 갑자기 미안해졌다.

친절을 발휘한 사람의 얼굴이라도 봐야 했다.
 이집트인이 아닐 거라는 확신이 있었다. 그의 얼굴빛이 달랐다. 실은 이집트 사람만 아니면 되었다. 그들 모두가 사기꾼처럼 보였으니까. 손을 뿌리쳐서 미안하다고 먼저 사과하고는 그가 앉아 있는 계단에 나란히 앉았다.

뒷모습도 눈여겨보다

 이집트는 관광국이다. 그러나 그때까지만 해도 외국인 그림자는 찾아볼 수 없었다. 배낭여행객과 무리 지어 다니면 이들의 손을 덜 탈 것 같아서 내심 외국인 관광객을 찾고 있었다.
 그는 이라크 출신이었다. 다행히 영어로 대화가 가능했다. 나는 전날부터 겪었던 일을 털어놓고 싶었지만 그와도 초면이었다. 상대가 아군인지 적군인지부터 파악해야 했다.
 그는 조용조용하게 말을 하면서 조심스럽게 손가락을 움직였다. 긴 속눈썹까지 깜박일 때는 그의 옆모습이 우수에 젖어 드는 듯했다. 상당히 아름다운 얼굴에 점잖은 성품을 지녔다는 것을 몇 분 만에 알 수 있었다. 경계심만은 풀 수 없었다. 그는 다음 행선지를 내게 물었다. 우리는 자연스럽게 박물관 인근 나일강으로 향했다.
 세계에서 가장 강줄기가 길다는 나일강은 햇살에 윤슬이 은빛으로 빛났다. 은빛 비닐 위로 조각배 한 척이 한가로이 떠 있었다. 강변에는 플라스틱 의자를 내놓고 차를 팔고 있었다.
 우리가 플라스틱 의자에 앉아 차를 주문했을 때 그가 권했다 얼굴이 햇볕에 그을린 소녀가 와서 돈을 요구했다. 이즈마엘은 내가 생각한 것과 달리 나일강으로 고개를 돌리고는 소녀를 모른 척했다. 소녀가 사라지자 그가 말했다.

"저 소녀에게 돈을 주면 말이야, 어떤 일이 벌어지는 줄 아니? 그녀가 잔뜩 다른 아이들을 데리고 올 거야. 여행객인 너는 더 조심해야 해."

그의 말이 내 말의 포문을 열게 했다. 나는 그동안 불만이었던 것들을 털어놓았다. 이집트 도슨트부터 도마에 올렸다. 이즈마엘은 끝까지 다 들어 주었다. 그리고 내게 한마디 건넸다.

"네가 열흘 이곳에 머문다고 했지? 열흘 정도면 이곳 사람들을 다 알지 못할 거야. 1년 머문 나도 이제야 조금 알 것 같거든."

내 솔직한 심경도 밝혔다.

"알아, 나도 이들을 오해할까 싶어 늘 그들의 뒷모습까지도 눈여겨보고 있는 걸."

그와 걸었을 때도 이집트 사람들의 상술은 변함이 없었다. 동행이 있어도 외국인은 무조건 표적의 대상이 되는 듯했다. 그가 나를 숙소까지 데려다주면서 말했다.

"사람들이 다들 우리만 쳐다보지? 네가 외국인이어서 그래."

어떤 이는 커플이라고 생각했는지 그에게 장미꽃을 사라고 안기기까지 했다. 지금 생각해 보면 그 거리는 관광지가 아니었다. 동양인 여자가 유독 도드라져 보였을 것이다.

오페라하우스를 보기 위해 다리를 건널 때 만난 60대 아저씨는 더 가관이었다. 그는 자신을 의사라고 밝혔다. 서울에 온 적도 있단다. 만난 지 몇 초 지나지 않았는데도 대뜸 다음 날 저녁에 딸이 결혼한다면서 처음 보는 우리를 초대했다. 급기야 다리를 다 건넜을 때는 차 한 잔 마시고 가라면서 아들 내외가 운영하는 상점으로 우리를 끌었다.

껌새가 이상했다. 나는 아무것도 사지 않겠다고 들어가자마자 선을 그었다. 돈이 없어서가 아니었다. 뭔가를 팔아야 하는 대상이 더 이상 되고 싶지 않았다.

그는 내 이름을 알려 달라고 하더니 파피루스 그림 여러 장 중에서 어떤 것이 마음에 드는지를 친절하게 물었다. 나는 어떤 것도 필요하지 않다고 재차 말했지만 그곳에 내 이름을 적고는 한사코 사양하는 내게 1달러만 달라고 했다. 나는 내 고집을 꺾지 않았다. 이즈마엘은 작은 향수 한 병을 사서 들고 나왔다. 상기된 내 얼굴과는 달리 그는 온화했다. 그는 나일강 강변에서 마셨던 찻값도, 무작정 상인이 안겼던 장미꽃과 저녁 식사 비용까지 지불했다. 내가 계산한다고 해도 그가 했다. 그리고는 말했다.

"중동에서는 말이야. 이것이 여자를 보호해야 할 남자의 의무 중 하나야."

"그리고는 여자의 무조건적인 복종을 원하지? 난 거절이다. 그런 보호보다는 자유가 좋다, 자유!"

내가 대거리했다. 그는 웃고만 있다가 물었.

"내일은 어딜 갈 거니?"

"가자 지역. 피라미드. 왜? 너도 가려고?"

"응."

나는 앞서 걷다가 뒤돌아보며 물었다.

"너는 왜 'NO'라는 말을 못 해? 그것도 중동 남자들의 의무니?"

이라크라는 국적에 묶인 그

바그다드에 있는 그의 할머니가 사는 곳이 이집트 박물관보다 더 넓다고 농담처럼 말하던 그. 경찰서장 아버지와 예술학교 선생인 어머니. 그가 이집트로 왔을 때는 상당히 나이가 지긋한 개인 선생과 함께였다. 그는 시종일관 선생에게 보고를 했다. 그는 배우이자 바그다드에 있는 예술대학에 다니고 있고 교환 학생으로 카이로에 와 있었다. 일주일이 지나면 1년 교환 학생 기간이 만료되어 귀국해야 했다. 이집트 생활을 마무리하는 차원에서 박물관에 다시 들렀는데 나를 만난 거였다.

그는 아랍 고전과 코란을 제대로 공부했지만 이탈리아와 프랑스 영화에 심취해 있었다. 섬세하고 여린 감수성은 이라크라는 국적에 묶여 그를 시종일관 우수에 잠기게 한 듯했다. 나이는 어리지만 어떤 중동 남자들보다 기품이 있던 그를 몇 번 더 만나게 된다.

박물관 전경

눈빛이 살아 있는 유물

골목

이즈마엘

나일강

(3)

'슬픈 연가'처럼 긴 여운을 남기는 소리
영원히 끝나지 않을 길 위에서 만난 아잔과 시샤

아잔(Azan)

나는 어디선가 들려오는 소리에 그만 넋을 잃고 언덕 아래를 내려다 보았다. 흐느끼는 듯 호소하는 듯도 한 그것은 노을과 함께 피라미드를 물들게 했다. 곧이어 하나둘 켜지는 마을 불빛까지 흔들어 놓았다. 마침 마른 모래바람이 한차례 내 뺨을 훑었다.

"아잔이야, 모스크에서 들리는 소리지."

이즈마엘이 내게 속삭이듯 중얼거렸다. 그 음성 또한 아잔의 일부처럼 들렸다.

중동에 오면 아잔에 익숙해져야 한다. 새벽 4시가 넘어 서서히 여명이 밝아 올 때부터 시작된다. 아잔이란 예배 시간을 알리고 예배를 보러 오라고 청하는 낭송이다. 하루 다섯 번 울린다. 새벽 4~5시경, 낮 12시경, 오후 3~4시경, 일몰, 밤 8~9시경 취침 예배로 나뉜다. 예배 시간은 일출과 일몰 시간에 따라 매일 달라진다. 한 곳에서만 들리지 않는다. 여러 모스크 첨탑에서 동시다발적으로 낭송한다. 오케스트라 연출 같다가도 슬픈 연가처럼 긴 여운을 남긴다.

모스크 옆에는 반드시 미나레트$_{Minaret}$라 불리는 높고 뾰족한 첨탑이 있다. 그 첨탑 위에 무아진Muazzin이라는 독경사가 육성으로 아잔을 낭송한다. 무아진의 호소력 짙은 음성은 이어졌다가 끊어졌다가를 반복한다.

"아잔이 울리면 모든 카페는 음악을 끄지."

시샤물 담배 연기를 입 안 가득 담고 있던 이즈마엘이 어둠을 향해 내뿜으면서 덧붙였다. 나는 언덕 위 카페에서 아잔을 귀가 아니라 눈으로 듣고 있었다.

시샤(Shisha)

나는 지금 이즈마엘과 그의 친구 두 명과 함께 언덕 위 카페에서 저녁나절을 보내고 있다. 현지인이 아니면 갈 수 없는 장소였다. 소위 말하는 '현지인 찬스'를 제대로 사용했다.

중동에서는 커피를 마실 수 있는 곳은 시샤도 피울 수 있다. 카이로에 도착해서 숙소를 찾아 헤맬 때 어두운 골목에 호리병처럼 생긴 유리병에서 뻗어 나온 호스를 빨고 있는 흰 원피스처럼 보이는 토브Thobe를 입은 시커먼 남자들을 봤다. 혹시 마약 같은 것이 아닐까, 라는 생각에 약간의 두려움을 띤 호기심으로 그들을 몰래 훔쳐봤던 기억이 있다.

시샤는 영어로 후카Hookah라고 하는 물 담배이다. 담뱃잎을 태우는 게 아니라 향을 태워 그 연기를 흡입하기 때문에 목 넘김이 부드럽다. 여러 가지 맛이 있어 그 맛향을 선택할 수 있다. 니코틴은 없다.

한국에서는 술을 마시면서 친교를 맺는다면 이곳에서는 시샤가 그 역할을 대신한다. 돌려 가면서 피우기도 한다. 흡연이 너그럽기 때문에 실내 어디서든 웬만해서는 제지하지 않는다. 집에서도 피울 수 있는 기구를 갖춘 사람들이 많다. 이즈마엘도 그렇다. 단점도 있다.

이즈마엘에게 이렇게 물은 적이 있다.

"그런데 말이야. 왜 나이든 남자든 여자든 앞니가 시커멓게 닳아 있지?"

정말 그랬다. 파피루스에 그린 그림을 내게 팔려고 했던 의사뿐만 아니라 이집트 박물관으로 가는 택시에서 만난 검은 차도르 입은 퍽 지적인 나이 든 여자도 영어로 내게 말할 때마다 검은 치아를 드러냈다. 그는 말했다.

"시샤를 많이 피워서 그래."

이슬람 지역에서는 술이 '하람_{하지 말아야 할 것}'인 반면 담배는 '하라_{해도 되는 것}'이다.

나는 이즈마엘과 그 친구 덕에 하람인 술도 마셔 봤다. 피라미드 구경을 끝낸 저녁, 나일강 변에 있는 유일하게 술을 파는 식당에서 이집트 맥주 '스텔라'를 맛보았다.

네 명이 각자의 돈을 모아서 알렉산드리아라는 해변 도시로 간 적도 있다. 그곳에서 해변을 이용할 경우 돈을 내야 했고 더군다나 술은 허락을 맡아야 마실 수 있었다. 우리는 일정 금액을 지불하고 검은 비닐 봉지에 싸 온 맥주를 도둑고양이처럼 마시면서 파도 소리를 들은 적이 있다. 여행자인 나를 위한 그들의 배려였다.

영원히 끝나지 않을 여행

나는 피라미드가 보이는 카페에서도 여행자로서 특권을 누리고 있었다. 피라미드를 발밑에 두고 있는, 밤이 되면 담배 연기로 가득 차서 클럽이 된다는 이곳은 남자만 들어올 수 있었다. 나는 히잡을 쓰지 않아도 되는 외국인 여자라는 신분과 현지인 남자들과 동행해서 가능했다. 이즈마엘은 내 성별에 대해서 간단명료하게 정의했다. 외국인 여자들은 중동에서는 무조건 '중성'이란다.

중성인 내가 피라미드를 지긋이 보면서 향을 흡입하는 동안 아잔은 긴 여운을 남기고는 어둠 속으로 사라졌다. 어둠은 피라미드 실루엣을 삼켰고 모래바람을 한차례 또 일으키게 했다. 천장에 매달린 전등이 자꾸 흔들렸다. 오사카 이자카야 골목 홍등 같다고나 할까. 분명 마른 취기가 몸속을 돌고 있었다.

그들과 헤어지고 나는 가자 지역에 있는 꽤 근사한 호텔로 향했다. 다음 날 호텔에서 제공하는 피라미드 투어를 신청했다. 왕의 무덤들, 모래 언덕과 스핑크스의 거대함에 놀랐지만 이집트 하면 그때의 붉은 노을과 노을에 묻혀 가는 피라미드와 마른바람을 따라 돌던 취기가 이즈마엘의 긴 속눈썹과 함께 떠오른다.

그것은 닮지 않는 듯 닮은, 서로가 처한 상황 때문인지도 모르겠다. 흔들리는 홍등 아래에서 우리는 참으로 많은 이야기를 했다. 내 요청에 스스럼없이 보여 줬던 그의 무언극 공연. 이라크 고대 문화에서부터 맨부커상 최종 후보작에 선정된 아흐메드 사다위의 《바그다드의 프랑켄슈타인》이라는 소설. 석유 산유국인 이라크. 1년에 뉴욕 같은 도시를 몇 개 지을 만한 돈이 들어오지만 부정부패로 전기와 물 공급까지 잘 되지 않는다는 이즈마엘의 한탄. 광주 5·18에 대한 나의 이야기.

그가 귀국하고 나서는 정치적인 이유로 유럽 유학 좌절과 현재까지 이어지고 있는 부패 세력에 대한 항쟁. 총리 사퇴. 이란 영사관 화재에 대한 매스컴과 다른 그의 해석. 수많은 희생자들. 낮에는 시위 현장에 머물지만 밤에는 집에 돌아와 남몰래 눈물을 흘린다는….

"Do not worry, we are a people who do not fear death, but we are afraid to live like dead."

얼마 전 그에게 몸조심해, 라는 문자를 보냈을 때 그는 위 문장으로 답장을 보내왔다. 가슴을 휘어잡는 결의에 나는 한동안 전율했다.

여행은 사람이다. 그 사람과의 인연이 계속된다면 결코 끝나지 않는 여행을 하고 있는 것이다. 좋은 사람과의 만남이 곧 좋은 여행이 된다. 나는 충분히 여행을 잘 하고 있다. 내게 튀르키예 커피를 입맛 들게 한 밀렌드 가족과의 만남도 이즈마엘처럼 계속해서 이어지고 있으니까 말이다.

피라미드가 보이는 호텔에서의 아침 식사

이집트

(4)

이집트 위스키 한 잔에 방방 뛰는 춤,
이들의 못 말리는 열정

You are my sister

　두 번째 밀렌드 집을 방문했을 때는 그의 부모님이 정식으로 나를 초대했다.
　그의 아버지 사무실에서 밀렌드를 만나 지하철을 10분 타고 내려서 툭툭이를 탔다. 툭툭이 기사가 어찌나 외국인인 나를 째려보는지…. 그는 밀렌드가 외국인 요금이 아니라 현지인 요금을 낸다고 하니까 가는 내내 바가지요금을 씌우지 못한 것에 대해 투덜거렸던 것이다. 그의 억양과 힐끔거리는 표정으로 충분히 상황을 짐작할 수 있었다. 밀렌드도 한 치도 밀리지 않고 받아쳤다. 이들은 어렸을 때부터 물건 흥정을 이렇게 배우는지도 모르겠다.
　이틀 전 밀렌드와 그의 형 미나와 함께 번화가에 간 적이 있었다. 그의 아버지가 허락했다. 나는 저녁 9시가 지난 시간이지만 은근히 현지인과 외출하는 것을 기대했다. 운동을 좋아하는 대학생 미나는 모든 것에서 노련했다. 택시 흥정하는 것부터가 달랐다. 우리나라에서 흔히 볼 수 있는 택시를 떠올리면 안 된다. 그것은 그나마 외국인이나 돈 있는 사람이 탄다. 굴러가기만 하면 모든 자동차를 도로로 끌고 나온다고 생각하면 된다. 진즉 폐차장으로 가야 할 차가 택시로 둔갑한 것이다. 심지어 한 명만 태우는 것이 아니다. 자리가 다 찰 때까지 합승도 마다하지 않는다. 미나는 고물차에 타기 전부터 흥정을 시작했다. 무시할 것은 아예 무시했다. 뒷좌석에 앉았을 때에는 다른 손님들로부터 나를 보호하려는 듯 둘은 나를 가운데에 앉혔다.

모스크가 있는 엘 모어즈 딘 알라 엘팟미 거리는 사람들로 북적거렸다. 모스크 중심으로 상점들이 이어지고 거리마다 환한 등을 밝힌 상점은 길가에 상품을 내놓고 있었다. 정찰 판매를 기대해서는 안 된다. 흥정은 기본이다.

미나가 흥청거리는 거리에 나를 끌고 갔다. 그는 길가 상점에서 목걸이를 하나 샀다. 목걸이 펜던트 글자가 아랍어로 '노라'라고 쓰여 있어서였다. 외국 여행을 할 때면 외국인이 '휘'자 발음을 어려워해서 종종 'Nora'라는 예명을 사용하곤 한다. 그들은 '노라'라고 적힌 목걸이를 내게 선물해 주고는 아주 흡족하게 웃었다. 돌아가는 길, 환율 차이가 있으니 택시비 등은 내가 지불해도 부담스럽지 않다고 했는데도 미나가 한사코 거절했다. 그러면서 "You are my sister."라고 말했다. '이크, 내 나이가 몇인데?' 한 대 쥐어박아 주고 싶었지만 나는 속없이 웃었다.

철저하게 나는 미나의 누나가 아니라 여동생이 되었다. 밀렌드와 툭툭이를 타고 집에 도착하자마자 미나가 아예 대놓고 내게 장난을 쳐 왔다. 장난이 심할 때면 그를 협박하곤 했는데 실은 그의 은밀한 비밀을 알고 있었다.

첫째인 케롤은 진지하다. 형편이 되면 독일 유학을 가서 독일 회사에서 근무하고 싶다는 등 명문 이공대학 학생처럼 앞으로의 거취에 대해 고민한다. 둘째 미나는 인생 자체가 삶의 선물인 듯 유쾌하다. 그는 자신의 손가락에 낀 반지를 내게 자랑한 적이 있었다. 감을 잡은 나는 여자 친구 사진 좀 보여 달라고 했다. 그는 비밀을 들킨 것에 당황하면서도 한편으로는 자랑스럽게 여자 친구 사진을 내게 보여 주었다. 그러고는 걱정스럽게 아버지한테는 비밀이라고 했다. 여자 친구가 있는 것을 알게 되면 자신은 죽음이라고 했다. 나는 이런 그의 약점을 이용하여 장난이 심할 때면 여차하면 그 비밀을 폭로하겠다고 눈치를 줬다.

이집트 음식

두 번째 방문은 첫 번째와 느낌이 달랐다. 그의 가족이 사는 아파트 골목은 황량한 슬럼가에서 삶의 냄새로 가득 찬 골목으로 달리 보이기 시작했다. 처음 그 아파트 골목에 들어섰을 때 나는 어느 빈민가를 거니는 줄 알았다. 밀렌드 가족은 중산층이고 카이로에서의 중산층은 그런 모습이라는 것을 뒤늦게 알았다. 작은 슈퍼 앞에 진열된 상품도 어두운 1층 조도 낮은 이발소도 낡고 작은 수선집도 골목을 뛰어다니는 아이들의 해맑은 얼굴까지도…. 밀렌드가 구경시켜 주던 옥상을 이번에는 미나와 그의 아버지가 나를 데리고 올라갔다. 닭뿐만 아니라 비둘기 사육장이 그곳에 있었다.

이집트는 95%가 사막이지만 나일강 강변 기름진 땅은 야채와 곡물을 재배할 수 있다. 이집트 음식은 기본적으로 콩을 비롯한 야채를 많이 사용한다. 나일강 유역에서 수확한 질 좋은 야채와 지중해에서 온 올리브, 홍해와 지중해에서 직송되는 해산물이 이집트인의 식탁을 풍성하게 한다. 또한 중동과 아프리카, 유럽을 연결하는 지리적 위치로

밀렌드 어머니가 정성껏 차린 음식

과일을 잘게 썰어서 넣은 뒤 위스키와 망고 주스 얼음을 채웠다.

밀렌드, 나, 미나, 케롤

문화의 가교 역할을 한다. 음식 또한 레시피가 다양하다.

그중 비둘기 요리인 마흐시 하맘Mahshi hamam이 있다. 몸통을 발라 그 안에 향신료와 쌀, 허브 등을 넣어서 실로 꿰맨 뒤 올리브 기름을 발라 오븐에 구워 내는 고급 음식이다. 이집트인에게는 정력제로 알려져 있다. 나는 알렉산드리아에서 먹어 본 적이 있다.

밀렌드 가족은 음식 재료인 비둘기를 사육하고 있었다. 미나와 그의 아버지는 나를 위해 사육장 문을 열어서 비둘기를 날렸다. 파드득, 하얀 날갯짓을 하며 날아가는 비둘기는 공중에 떠 있는 연 사이로 사라졌다. 암컷이 있으니 다시 날아온다고 했다.

짧은 시간 동안 든 정

통통한 몸집에 서글서글한 인상을 가진 밀렌드 어머니는 한 옥타브 목소리를 높여서 나를 불렀다. 음식 솜씨도 뛰어났다. 무엇보다도 진짜 이집트 위스키를 내놓았다. 하도 내가 위스키, 하고 노래를 불러서인지도 모르겠다. 잘게 자른 과일에 부은 위스키는 달콤하면서도 목 넘김이 좋았다. 나는 밀렌드 아버지와 각자 한 잔씩이미 내가 한 잔을 해치운 뒤였다 마셨다. 한 잔을 다 들이켠 그가 위스키를 마시면 춤을 추는 거라고 했다. 술을 마시면 춤을 추듯 행동한다는 말인 줄 알았는데 진짜 그들은 춤을 추었다.

잘생기고 모범생인 아들 셋! 아버지, 어머니 그리고 나. 대낮에 음악 틀어 놓고 방방 뛰면서 몸을 흔들었다. 아, 이들의 못 말리는 열정사진을 못 찍었다! 춤판은 밀렌드 아버지 친구 아들 결혼식에 가서도 이어졌다. 결혼식장에 간다는 것도 나는 알지 못했다. 알아도 샌들을 신었을 것이다. 순례길을 다녀온 길이라 옷이 두 벌밖에 없었다. 어쩌랴, 그곳에서도 샌들 신고 땀 냄새 풍기며 열심히 춤을 출 수밖에.

결혼식 풍경. 술은 없다. 케이크와 콜라 정도. 신랑 신부는 밤새 춤을 춰야 할 것 같았다.

결혼식장 유쾌한 분위기와 달리 나는 착잡했다. 이들 가족과 곧 헤어져야 한다. 다음 날 사막 투어를 떠난다. 카이로에서 차로 다섯 시간 걸리는 곳에 있다. 그다음 날 밤늦게 돌아오지만 떠날 준비를 해야 한다. 아침 6시 30분 요르단 암만으로 향하는 비행기를 타야 한다. 새벽 3시에는 공항으로 출발해야 하니까 잠잘 시간도 없다. 결혼식장을 나서면 밀렌드 가족을 더 이상 볼 수 없을지도 모른다.

하지만 사막 투어에서 돌아와서도 나는 밀렌드 가족을 만났다. 자정이 지난 시간에 그의 집에 방문했는데도 밀렌드 아버지가 굳이 그의 아내에게도 작별 인사를 했으면 했다 음식을 차려 주었다. 그들의 배웅을 받으면서 공항으로 출발했다.

그로부터 6개월 뒤 다합에서 스쿠버 다이빙 다이브 마스터를 딴 뒤에는 일부러 카이로를 방문해서 이들 가족을 만났다. 사람이 좋으면 먼 거리도 가깝다는 것, 모든 거리는 마음이 정한다는 것을 밀렌드 가족을 만나면서 새삼스럽게 알았다.

5

중동서 노출 즐기는 여자라니,
사막서 입은 비키니의 짜릿함!
이집트 여행의 하이라이트 사막 투어

뉴욕에서 온 나탈리아와 사막에서 비키니 입기

사막에서 하룻밤 꼭 자고 싶었다. 이집트를 떠나기 3일 전 숙소 리셉션에 신청했다. 로컬 가이드가 동행한다고 해서 다시 말하면 베두인 남자와 단둘이 사막에서 비바크(Biwak)를 한다고 해서 그 기회를 놓치고 싶지는 않았다. 혼자라 비쌌다.

이집트 5대 사막 중 한 군데인 바하리야Bahariya Oasis였다. 카이로에서 다섯 시간 달려야 도착할 수 있었다. 아침 일찍 숙소로 승용차가 나를 데리러 왔다. 차 문을 열었을 때 비로소 알았다. 혼자가 아니라는 것을.

까무잡잡한 피부를 가진 여자가 앉아 있었다. 부스스한 곱슬머리에 가슴을 절반이나 드러내 놓고 있는, 막 침대에서 나온 듯한 모습이었다. 그녀는 도미니카 공화국 출신이지만 부모 때부터 뉴욕에서 살고 있다고 했다. 무역 회사 비서이자 스페인어 통역사였다.

동행이 누구냐에 따라 여행이 달라진다는 것을 경험으로 알고 있다. 중동에서 노출을 즐기는 여자라니…. 처음에는 당황했지만 조금만 시각을 달리하니 편해졌다. 그녀에게는 자연스러운 일이었다. 늘 비키니 세 벌을 가지고 다닐 정도였다고 하니…. 그중 가장 작은 사이즈를 내게 빌려주었다.

생각해 보라. 사막 오아시스에서 비키니를 입을 수 있는 그 짜릿함을? 생애 최초 비키니를 마흔이 넘어 그것도 사막에서 입어 봤다. 몸의 해방감을 만끽했다고나 할까. 몸은 몸일 뿐이었다. 사회·문화·생물학적으로 판단하기 이전에 그저 자연의 일부분이었다. 내 몸을 사랑한다는 것에서는 수줍어할 필요가 없었다 이것이 씨앗이 되었다. 요르단 와디무집에서 계곡 어드벤처에서 물속 아름다움을 발견하고 귀국하자마자 수영을 배웠다. 6개월 뒤 다합에서 스쿠버 다이빙 다이브 마스터가 되었다. 내 몸에 대한 자신감을 가졌기에 가능했다.

다섯 시간 달려서 바하리야에 도착했다. 그곳에서 다시 로컬 가이드가 운전하는 지프에 몸을 실었다. 베두인 가이드 압두는 거칠었다. 속도를 줄이지 않는 지프로 모래 언덕을 오르내렸다. 듄 배싱Dune bashing. 용감한 두 여자는 무서워하기는커녕 환호성을 질렀다.

사막은 광활했다. 생크림을 잘 발라 놓은 것처럼 다듬어진 모래 언덕에서 샌드보딩을 즐겼는가 하면 흑사막, 백사막, 크리스털 사막이라고 불리는 포인트에서는 머플러를 모래바람에 날리며 춤을 추었다. 신발을 벗고 아예 누워 모래 촉감을 느끼기도 했다. 나탈리아와 나는 죽이 잘 맞았다.

사막에서의 밤 ～～～

해는 뉘엿뉘엿 모래 언덕을 붉게 물들이고는 사라졌다. 밤에는 많은 사파리 여행객들이 각자 구역을 정해서 야영을 했다. 압두도 우리를 이끌고 고요가 미리 점령하고 있는 하얀 사막에 이르렀다. 달빛이 모래 알갱이를 물들였다. 압두는 베두인 천막으로 바람막이를 만들었다. 모닥불을 피우고는 오랫동안 닭고기를 구웠다. 냄새를 맡은 사막여우가 어슬렁거리면서 주위를 맴돌았다.

저녁 식사 후에는 이웃 천막으로 마실 나갔다 이런 표현이 맞으면 말이다. 압두와 단짝인 다른 가이드가 대만 팀을 이끌었다. 그들은 댄스 강사들이었다.

이미 모닥불 주위로 자리를 잡고 춤을 추고 있었다. 어둠이 엄습한 사막 한가운데에서 불꽃을 날리며 타들어 가는 모닥불. 심박동 패턴으로 반복되는 북장단. 무용수들의 리듬감 있고 탄력적인 엉덩이의 흔들림. 베두인 차는 뜨겁고 달콤했다. 그들은 습관적으로 차를 마셨다. 마침 그날 생일이었던 나탈리아를 위한 가이드가 준비한 깜짝 생일파티가 있었다.

사막 한가운데에서 축제는 곧 끝났다. 음악이 사라지자 우리는 고요를 끌고 안식처로 돌아와서는 느슨하게 누워서 하늘의 별을 온몸으로 받아들였다. 사막여우는 텐트 주위를 제집처럼 어슬렁거렸다. 모닥불 기운이 점점 사그라지며 숯 위에 놓여 있는 찻주전자 주둥이에서는 김이 올라왔다. 설탕이 아닌 수수깡 진액을 넣는다는 베두인 차. 모닥불 주위에 깔아 놓은 카펫에 눕거나 앉아서 연초를 피웠다. 고흐의 〈별이 빛나는 밤〉 하늘처럼 새까만 하늘에 박혀 있는 별들이 머리 위로 곧장 떨어질 것 같았다 스마트폰으로는 찍을 수 없었다. 30대 초반인 압두가 자신의 이야기를 꺼냈다.

베두인 압두

원래는 군인이었단다. 사막 관광객이 늘어나면서 가이드가 되었단다. 가이드가 된 것이 좋단다. 이곳에 있으면 전 세계 사람을 만날 수 있단다. 말을 중단한 그는 자신의 스마트폰 앨범에서 인상 깊었던 손님들을 보여 주었다. 나탈리아가 물었다. "결혼은 했어요?" 어느 날 집에 가 보니 어머니가 여자 한 명을 데리고 왔단다. 한 방에 그냥 넣더란다. 그것이 결혼하게 된 동기였단다. 사막의 주인이라는 베두인Bedouin: 사막에 사는 사람들답게 압두는 사막의 밤을 장악하고 있었다.

중동여행이 처음인 그때만 해도 베두인에 대해 잘 알지 못했다. 이집트 다음으로 간 요르단 페트라에서 만났던 작은 체구의 베두인. 사진을 같이 찍자는 내 요구를 거절 못 하고 함께 찍고 나서는 인터넷에는 올리지 말라고 부탁하던 노점상 주인 베두인 여인. 그녀는 인터넷에 올라간 자신의 사진을 남편이 보면 자신을 죽일 거라고 했다. 남편은 소셜 미디어 활동을 하고 있다고 했다. 다합에서는 호텔 옥상에서 근사한 건물을 가지고 있던 사업가 베두인도 만났다호텔 건물과 옥상 건물 소유주가 달랐다. 내가 만난 베두인은 한결 강해 보이고 영리했다.

마른 몸과 까만 얼굴에 두 눈만은 별들을 가득 담고 있던 압두가 그동안 익힌 영어로 이야기를 풀어 나갔다. 사막여우 기척이 사라졌고 쏟아질 듯한 별들은 눈꺼풀 밖으로 밀려났다. 모닥불은 온기만 남았다. 압두가 미리 쳐 놓은 작은 텐트 안으로 나탈리아와 나는 각각 들어갔다. 바람이 소곤거리는 소리를 들으면서 잠을 청했다. 일출을 보기 위해 다섯 시에 일어났을 때 지프 지붕이 침대인 압두는 꿈쩍도 안 하고 있었다. 우리는 숨바꼭질하듯 화장실을 찾아 주위를 한참 맴돌았다. 실은 모든 사막이 화장실이었다.

　마침내 사막 지평선에서 해가 떠올랐다. 숨조차 쉴 수 없을 정도로 햇무리가 퍼졌다. 붉은빛이 쌩쌩한 숨결을 사방 모래밭에 불어넣고 있을 때에야 긴 숨을 내쉬었다. 한동안 그곳에 앉아 아무런 죄책감 없이 생명의 기를 훔쳤다.

　카이로로 돌아오는 길, 사방으로 펼쳐져 있는 마른 산을 나는 온몸으로 받아들였다. 이제 요르단 암만으로 향할 때였다. 아직 가 보지 않은 곳은 백지이다. 그 백지를 어떻게 채색하느냐는 어떤 사람을 만나느냐에 따라 그 채도가 달라진다. 이집트의 말미는 별들이 쏟아지는 하얀 모래 위에 사막여우가 발자국을 내었다. 그 뒤로 무지갯빛 이야기들이 따라갔다. 사막이 무지갯빛 풍경이 되었다, 내 여백에는.

헤이즈 온천(오아시스)에서 생애 처음 비키니 입기

동적인 그녀

내려갈 때는 좋은데 올라오기가 힘든 샌드보딩

저녁 식탁에서의 압두

이집트 41

생크림 케이크처럼 잘 발라놓은 모래 언덕

작열하는 태양과 적막한 풍경.
치명적인 푸른빛으로 빛나던 사해(Dead Sea).
부서지지만 또 살아나서 끊임없이 움직이는 하얀 포말.
마른바람 속에서도 오랜 시간 우뚝 서서 견뎌 내고 있는 협곡.
모든 것이 생명력이 강했다. 끈질긴 생명력으로 척박한 환경에서
살아가고 있었다. 순간, 내 가슴 속에 꿈틀꿈틀 뭔가가 샘솟고 있었다.

요르단

6

태양이 세 개 정도나 될 것 같은 한낮의 눈부심
요르단 암만

냄새 ⌇⌇⌇⌇

　모 사진작가가 말했다. 공항마다 독특한 냄새가 있지만 공항 건물을 빠져나와 담배 한 대 피우면 담배 향이 그 모든 냄새를 덮어 버린다고. 요르단 퀸 알리아 공항에 도착했을 때 나는 그가 했던 말을 떠올렸다. 냄새가 아니라 적막 때문이었다.

　클랙슨 누르는 소리, 노점상 호객 소리 등 별별 소리로 가득 찼던 이집트와는 달리 요르단은 평화로웠다. 2시간 30분 비행기를 타고 날아왔을 뿐인데도 그랬다. 이상하게도 조용할수록 카이로 도로가 그리웠다. 그곳 사람들까지도 말이다.

　그래도 이곳에 내 흔적들을 남겨야 했다. 늦은 오후 암만Amman에 있는 올드타운과 뉴타운을 돌아다녔다. 공항에서 숙소까지 데려다주었던 우버 택시 기사 아멘이 시간을 내주었다. 아메리카 대학에 다닌다는 그는 뉴타운을 소개할 때 흡족하게 웃었다. 그의 아파트가 그곳에 있었다. 나는 세련된 뉴타운보다는 비교적 가난한 사람들이 산다는 오래된 건물과 시장이 있는 올드타운 거리에 더 끌렸다. 숙소는 올드타운에 있었다.

외로워지지 않으려면 새로운 공간에 빨리 익숙해져야 한다. 사진작가는 담배 한 개비를 피우는 시간에 낯선 공간을 익숙하게 만들었다. 그 정도로 나는 프로가 아니다. 일단은 숙소 근처에 있는 괜찮은 카페를 찾아야 한다. 내 흔적을 차곡차곡 쌓을 곳. 시샤와 튀르키예 커피를 마시면서 긴장을 풀 수 있는 곳. 간혹 노트북을 켜고 작업도 할 수 있는 곳. 여행지이면서 일상을 보내는 것처럼 착각할 수 있을 장소가 필요했다.

그곳을 아지트 삼아 암만에 있는 유적지를 걸어서 둘러볼 참이다. 그런 다음 차를 렌트할 계획이다. 대중교통이 발달하지 않은 곳이다. 우버 택시를 불러 장거리를 뛸 때마다 헉, 소리가 나올 정도로 요금이 비쌌다. 무엇보다도 이집트의 미친 도로와는 달리 얌전했다. 운전할 만했다. 장소가 바뀌면 사람도 자연스럽게 바뀌니 낯섦에 조급해할 필요는 없었다.

요르단

요르단 여행을 계획한 것은 2017년 겨울 부다페스트에서 만났던 이스라엘 청년 모어 때문이다. 모어는 이스라엘을 적극 추천했다. 이스라엘에 오려면 다른 중동 국가를 방문해서는 안 된단다. 유일하게 요르단과 이집트만 괜찮다고 했다. 반대로 이스라엘을 방문하고 요르단과 이집트를 제외한 중동 국가에 가면 입국 금지다. 그만큼 중동과 이스라엘은 사이가 좋지 않았다.

이집트에서 만났던 밀렌드 아버지는 이스라엘 자체를 모른다. 팔레스타인이라고 말해야 알아듣는다. 이라크 출신 이즈마엘도 앞으로 만나게 될 시리아 출신 약사도, 그리고 아멘도…. 이스라엘을 부정적으로 말했다. 그곳을 여행하는 나를 걱정했다. 그럴 때면 나는 이렇게 말했다.

"나는 정치인이 아니야. 단지 여행자일 뿐이지. 어떤 선입견도 가지지 않으려고 해."

이렇게 해서 오게 된 요르단. 이집트도 그렇지만 요르단도 의외로 둘러볼 곳이 많다. 하지만 다른 아랍 국가에 비해 물가가 턱없이 높다. 관광지 입장료는 차별적으로 받는다. 예를 들어 페트라Petra의 경우, 현지인 입장료가 1디나르1디나르는 1,700원으로 계산하면 된다이지만 외국인은 50디나르85,000원 정도이다. 처음에는 그곳까지 우버 택시를 이용했다. 150디나르 달라는 것을 130디나르로 미리 조율했다.

음식값 등은 현지인이나 외국인이나 동등하게 받는다. 싼 길거리 음식도 있지만 웬만한 식당에서 한 끼 식사라도 하려면 만 원 정도는 우습게 내야 한다. 현지인들이 느끼는 체감 물가는 더 클 것이다. 제조업이 발달하지 않아 농수산물을 제외하고는 거의 수입품이다. 그래서인지 빈부격차가 심하다.

관광수입은 높다. GDP의 8~10%를 차지한다. 서비스업도 요르단 경제에서 80%나 될 만큼 비중이 크다. 기독교 유적지가 많아서 순례지로 각광받는다. 기후도 쾌적하다. 중동 재벌들의 별장이 많아 세금도 쏠쏠하게 걷힌다. 주변국인 이라크와 사우디아라비아가 산유국인 데 비해 요르단은 석유 한 방울도 나오지 않는다. 그래도 아쉬울 것이 없다는 입장이다.

나는 숙소 근처에 있는 허름하지만 가격이 저렴한 카페를 찾아냈다. 광고용 전단지가 붙어 있는 골목 계단을 올라가야 한다. 카페 맞은편에는 서점이 있는데 서점 종업원이 곧잘 한국어를 한다. 방탄소년단 인기가 한몫했으리라. 이집트 출신인 서점 주인이 카페도 운영한다.

오늘도 나는 카페에서 워터 멜론과 민트 향이 나는 시샤를 주문했다. 그리고는 암만 시내 유적지를 살펴보았다.

요르단 수도 암만

요르단의 수도 암만은 로마처럼 7개의 언덕을 기반으로 생겨난 도시이다. 지금은 언덕 20개가 있다. 언덕을 잇는 가파른 계단이 많다. 암만에 도착한 다음 날부터 시내 유적지를 돌아다녔다. 로마 원형 극장인 로만 앰피시어터Amphitheater를 둘러보고는 시타델Citadel로 향했다.

시타델에는 로마 시대에 건설된 헤라클레스 신전과 8세기 우마이야 Umayyad 왕조 시대에 건설된 궁전이 있다. 우마이야 궁전Umayyad Palace 은 우마이야 왕조의 통치 시기에 총독이 거주했던 곳이다. 720년에 건설되었지만 749년에 지진으로 파괴되었다아직까지 복원되지 않았다. 가장 높은 언덕에 지어진 궁전이라 뜰에 서 있으면 암만 시내를 한눈에 내려다볼 수 있다.

태양이 세 개 정도나 될 것 같은 한낮의 눈부심. 높은 지형이라 햇살을 고스란히 받아 내야 한다. 나무 구경하기가 힘들다. 그래서인지 해가 지면 시장 거리는 북적거린다. 어스름이 끼면 나도 산책 겸 올드타운 거리로 나섰다. 상점 바깥에 내놓은 그들의 전통 옷에 감탄하다가, 빅 사이즈 마네킹 앞에서는 함박웃음을 터트렸다. 덩치 큰 인형 옷매무새가 심상치 않았다. 청바지 지퍼가 내려가 있었다. 모스크 주변 시장에서 좋아하지도 않는 팜나무 열매를 잔뜩 사 온 적도 있었다. 사탕수

수 대를 갈아서 즙을 내서 마시는 '슈가껑'의 달콤함에 매료되어 지나갈 때마다 사서 마셨다. 가성비 뛰어난 양꼬치 식당을 찾아낸 것은 행운이었다. 하루에 한 번 그곳에 갈 정도였다.

스페인 순례길을 다녀온 뒤라 나는 옷이 없었다. 아멘에게 쇼핑몰을 추천받아 청바지와 수영복을 샀다. 기장이 긴 청바지를 단골 카페 근처 수선집에 맡겼다.

낯선 곳이 점점 익숙해져 가는 시기에 나는 남자 두 명을 만나게 된다. 한 명은 디스코팡팡처럼 엉뚱했다면 다른 한 명은 미스터리 극장에서 내가 도망자 역할을 맡아야 할 정도로 썩 유쾌하지 않았다. 좋은 사람만 만날 수는 없는 것이다.

로마 원형 극장인 로만 앰피시어터(Amphitheater)

헤라클레스 신전(Temple Hercules)

우마이야 궁전(Umayyad Palace)

전통 옷 가게

과일 가게가 있는 올드타운

사탕수수 대를 갈아서 즙을 내는 음료 '슈가낑'을 파는 가게

가성비 좋은 양고기 집

7

PM 7시 30분, 붉은 달이 떠올랐다,
시타델로 향하는 두 명의 남자와의 에피소드

낯선 남자를 따라가면 생길 수 있는 일 ~~~~~

어른들은 말한다. 낯선 사람을 따라가지 말라고. 어른이 된 아이는 그 말을 무시하기도 한다. 호기심 때문이다. '어디까지 가나 보자'라는. 호기심이 때로는 사람을 '잡'는다.

내가 암만에서 3일째 머무르고 있을 때였다. 그날도 올드타운을 산책 겸 걷고 있었다. 한 가지 미션이 있었다. 괜찮은 식당을 찾는 것. 요르단을 포함하여 중동 사람들 식사는 양고기, 요구르트, 빵^{쿠브즈 아라비: Khubz Arabi}이 기본이다. 얇고 납작한 빵을 맨손으로 집어서 소스에 찍어 먹거나 양고기 등을 싸 먹기도 한다. 콩으로 만든 길거리 요리도 많다. 콩을 삶은 후 으깨서 다른 야채와 섞어 기름에 튀기거나 한다. 자주 먹어서인지 느끼했다. 후식은 내 입맛에는 지나치게 달았다. 맛집이라고 해서 현지인들이 줄 서서 기다리는 팬케이크 식당도 그냥 지나쳤다. 이런 내 고민을 거리에서 만난 낯선 남자가 들어 주겠다고 했다. 좋은 식당을 알고 있다는 것이다. 대부분 지금까지 나는 좋은 사람들만 만났다. 경계를 했지만 암만 시내 지리를 이미 어느 정도 알고 있기에 그와 동행하는 것을 서슴지 않았다. 시장 거리라 사람들도 많았다.

남자는 시장 골목을 벗어났다. 식당이 어디에 있느냐고 내가 물었다. 그 남자, 영어를 썩 잘하지는 않았다. 식당이 이제는 '괜찮은 장소'로 바뀌어 있었다. 주택가 오르막을 올랐다. 언덕 위의 궁전 시타델로 향하고 있었다. 앞길이 아니라 한적한 뒷길이다. 내가 가늠해도 지름길이라는 그의 말이 틀리지는 않았다. 끝까지 따라가기로 했다.

아마도 남자가 넝쿨을 밟지만 않았다면 아무 일도 일어나지 않았을까. 넝쿨 가시가 스니커즈 천을 뚫고 남자의 발가락을 찔렀다. 그가 잔뜩 인상을 구기며 신음을 뱉었다. 걱정이 된 나는 그의 발을 들여다보았다. 잠깐의 정적. 그게 문제였다. 궁전 뒷길은 군데군데 풀이 나 있는 마른 언덕이었다. Z자로 된 돌길이 위로 향했다. 한참 발아래에 건물이 있었다. 사람 그림자라고는 눈을 씻고 봐도 없었다. 태양만 뜨겁게 달아올랐다. 겨우 머리만 그늘에 넣을 수 있는 작은 나무 아래에서 우리는 멈춰야 했다. 그때부터였다. 그 남자가 수작을 걸기 시작한 것이.

먼저 손가락에 반지가 없다는 것을 확인하고는 내 입술이 예쁘다고 했다. 어깨를 끌어당기려고도 했다. 180cm 정도 키에 탄탄하고 날렵한 몸집, 부리부리한 눈과 매부리코. 남자의 신체 조건과 힘은 나를 제압하고도 남았다. 하지만 그는 가시에 찔려 통증을 느끼고 있었다. 그런 그가 달렸을 때 어느 정도 속도를 낼 수 있을까. 그런 생각을 하면서 나는 그를 살며시 밀어냈다. 그리고 내가 달려야 할 언덕길을 보았다.

앞뒤 잴 필요는 없었다. 그를 간호할 의무는 내게 없었다. 그를 안심시키듯 돌아보면서 씩 웃어 주고는 냅다 달렸다. 인상을 험악하게 구긴 그가 나를 뒤쫓아 오려는 제스처를 취하는 것을 봤을 뿐 뛰면서 뒤

돌아보지는 않았다. 믿는 것은 편한 신발을 신고 달리는 그 못지않게 튼튼한 내 다리였다.

언덕을 거의 오르니 궁전 뜰 한구석에 경찰 봉고차가 보였다. 위급한 상황을 알았는지 경찰 한 명이 내게 달려왔다. 나는 하얀 셔츠에 청바지를 입은 남자가 나를 위협한다고 말했다. 경찰은 내 뒤로 가서 아래를 내려다보고는 펜스 문을 닫았다. 그때야 나는 심장이 요동치고 있다는 것을 알았다.

아담

"내 친구가 암만에 있어. 뮤지션이야. 그의 가족이 암만으로 가고 나서 우리 집에 한 달 정도 머무른 적이 있거든. 할머니 하고도 멋진 대화를 이어 가던 친구였어. 그 친구가 네게 도움이 될 수도 있어. 내가 메신저로 연락해 놓았으니까 곧 네게 연락을 할 거야."

낯선 남자 이야기를 다 들은 이라크 친구 이즈마엘은 친구 한 명을 소개해 주었다.

이즈마엘의 친구 아담이라고 하는 뮤지션과는 쉽게 연락이 닿았다. 다음 날 만나기로 했다. 그날이 2018년 7월 28일, 21세기 들어 블러드 문이 가장 길게 지속되는 날이었다. 아시아와 중동, 아프리카, 남미 일부 지역에서 잘 볼 수 있다는 내용을 귀국하고 나서야 알았다. 그는 블러드 문을 놓칠 수 없다고 말했다. 우리는 저녁 7시에 다운타운에서 만나서 언덕으로 올라가기로 했다.

아담은 한시도 가만히 있지를 못했다. 랩에 박자를 맞추듯 마르고 큰 키에 리듬을 주면서 움직였다. 긴 레게머리였지만 중동 남자들에게 흔한 수염은 없었다. 이즈마엘처럼 그도 오래된 친구처럼 낯설지 않았다.

사소한 이야기로 언덕에서는 논쟁까지 했다. '사랑'과 '동양 사람의 생김새'였다. 내 눈이 '찢어진 눈'이라면서 놀리기도 했다. 나는 중동 남자들이 모조리 '골초'라고 맞받아쳤다. 쓸데없는 이야깃거리에 서로 질리지 않고 시간을 보내고 있을 때 앰피시어터 위로 붉은 달이 떠올랐다. 저녁 7시 30분이었다.

블러드 문은 달이 지구 그림자에 완전히 가려지는 개기월식 때 생긴다. 옛날부터 흉조로 여겨졌지만 이곳 분위기는 사뭇 달랐다. 궁전이 있는 언덕은 이미 이슬람 신도들이 차지하여 발 디딜 틈이 없었다. 축제 분위기였다.

아담도 마찬가지였다. 그의 친구들을 연이어 만났다. 친구들 중 M은 DJ 겸 일렉기타리스트라고 했다. 굉장히 유명한 듯 한걸음 뗄 때마다 그를 알아보는 사람들이 줄을 이었다. 일일이 사람들과 악수하거나 포옹하면서 말을 나누었다.

이집트를 떠나올 때 나는 밀렌드 가족과 작별을 고해야 했다. 작별 인사를 하기 위해 영어를 잘하는 이집트인 가이드에게 통역을 부탁했다. 가이드와 밀렌드 아버지가 처음 만났는데도 손을 잡고, 나를 쏙 빼놓고는 긴 대화를 이어 갔다. 당황한 내 마음을 알았는지 가이드가 말했다. 이집트 사람들은 처음 만나더라도 이것저것에 대해 많은 이야기를 한다고.

이곳 암만에서도 그랬다. 아담과 그의 친구들이 정신없이 붙어나서 나는 그만 혼이 나가 버렸다. 이들 중 다섯 명이 간신히 무리에서 빠져나왔다. 일렉기타리스트 M, 아담, 암만에서 공부하고 있다는 프랑스인 여대생, 차를 가지고 왔던 남자 공무원.

우리는 유일하게 술을 파는 상점에서 맥주 한 병씩 각자 사 와서는 주택가 골목으로 갔다 공공장소에서는 술을 마시지 못한다. 한 방에 남녀가 함께 있을 수도 없다. 이미 그 장소는 그들에게 익숙한 듯했다.

맥주를 조금씩 아껴 마시면서 시간을 보냈다. 술을 거의 마시지 않고도 이렇게나 재미있게 이야기를 할 수 있다니, 이슬람 문화권 사람들은 모두들 만담가였다. 술자리가 끝난 새벽 2시 밤하늘에는 맨얼굴의 달이 걸려 있었다. 지친 블러드 문이 일찍 귀가를 서두르는 듯했다.

그리고…

그 뒤로 나는 일주일 동안 차를 빌렸다. 하루 평균 6~8시간 운전을 하면서 요르단 곳곳을 돌아다녔다. 숙소로 돌아온 저녁, 올드타운을 걸을 때면 나를 성추행하려 했던 남자를 다시 만나지 않을까라는 걱정을 잠깐 하기도 했다. 하지만 그보다 더 좋은 사람들이 얼마든지 많아서 쓸데없는 생각에 시간을 낭비하지 않기로 했다.

엠피시어터 위로 블러드 문이 떴다(스마트폰으로는 붉은빛을 잡아낼 수가 없었다).

시타델 언덕에서 블러드 문을 구경하는 사람들

암만 올드타운 거리 맛집 앞에 줄 서 있는 사람들

시샤 상점

암만 올드타운

사람과 사람 사이

요르단

(8)

사막의 '커피'와 '담배'는 정말 비타민일까
요르단의 두 가지 비타민

사막에서 운전할 때 염두에 두어야 할 것들

 차를 렌트하기 위해서 우버 택시를 탔을 때 운전사는 담배를 피우면서 커피를 마시고 있었다. 커피를 내게 건네면서 그는 이렇게 말했다. "요르단에서는 아침에 커피와 담배가 비타민이에요."
 처음에는 그의 말을 의아하게 생각했지만 곧 알게 되었다. 커피 배달을 하는 아저씨를 만난 뒤부터였다. 커피값이 얼마냐고 배달하는 그에게 물으니 동전 하나0.5디나르, 800원 정도를 내게 내밀었다. 다운타운으로 걸어가면서 매번 보던, 작고 초라한 구멍가게가 그의 것이었다. 덤으로 물까지 주었다. 매일 아침이면 그의 가게에서 커피와 물을 사서 차 안에 두었다. 하루를 시작할 준비가 다 된 것이다.
 이곳에서 운전을 하다 보면 마른 사막에서 니코틴 냄새를 맡는다. 끝날 것 같지 않은 사막 한가운데를 가로지르는 도로 위에서 말이다. 풀 한 포기 없는 둔덕 위 모스크를 보다가도, 도로변에서 햇볕을 등지고 검게 탄 남자나 니카 입은 여자가 걸어가는 것을 볼 때에도 모래바람이 냄새를 내려놓고 간다. 때맞춰 나는 창을 연다. 바람이 리드미컬하게 머리카락을 날린다. 바람 소리도 제법 들을 만하다. 선팅을 할 수 없는 이곳 차창은 고스란히 햇빛을 맞아들인다. 나는 까미노 데 산티아고를 걸을 때보다 더 탔다. 자세히 보면 운전대 차창과 가까운 왼쪽 뺨이 더 까맣다.

사막에서 운전할 때는 늘 염두에 두어야 할 것이 있다. 휴대폰 배터리를 수시로 점검해야 한다. 내비게이션 대신 휴대폰 구글맵을 종일 작동시키기 때문에 배터리 소모가 충전되는 속도보다 빠르다 휴대폰이 변기에 빠진 적이 있다. 가슴을 얼마나 졸였는지…. 폰이 없으면 모든 것이 정지된다. 연료도 수시로 점검해야 한다. 연료량 표시가 눈금 하나만 남으면 불안해진다. 사막 한가운데에서 멈춰 버리면? 생각하기도 싫다. 그늘 한 점 없는 곳에서 나는 마른오징어가 될 것이다. 그것뿐일까. 바퀴가 구멍 날 수도, 엔진이 고장 날 수도…. 그렇지 않아도 배터리 소모가 빠른 폰을 왼손에 들고 구글맵을 보면서 오른손으로만 운전하는데, 신경 쓸 것이 한두 가지가 아니었다. 이곳 사람들의 거친 운전을 닮아 가듯 생각도 생존으로 바뀌었다.

닥치면 해결하자!

여자 혼자 운전할 때 생길 수 있는 일

요르단은 남북으로 약 460km, 동서로 약 355km 뻗어 있다. 북쪽은 시리아, 북동쪽은 이라크, 남동쪽과 남쪽은 사우디아라비아, 서쪽은 이스라엘을 경계로 한다. 남쪽 아카바만에 19km의 해안선을 끼고 있을 뿐 국토의 5분의 4가 사막이다. 그래서 어디를 가든 사막을 지나야 한다.

어느 날은 지도에서 남동쪽인 카라크Al Karak로 향했다. 오래된 성이 보고 싶었다. 한 시간 정도 달렸을 때였을까, 모래바람이 나를 반겼다. 온통 희뿌연 바람에 휩싸여 한 치 앞도 볼 수 없었다. 차체도 흔들렸다. 비상등 켠 도요타 지프가 앞서 달려가지 않았으면 사고가 날 수도 있었다. 그 불빛을 따라 모래 안개를 벗어났다.

고지대에 있는 카라크 성(Karak Castle)

그렇게 세 시간 달려서 도착한 고지대에 있는 카라크 성Karak Castle은 거대했다. 성을 둘러보면서 다음 목적지를 정했다. 실은 달리고 싶어서 목적지를 정할 뿐이었다. 그래서 타필레Tafileh를 향해 지체 없이 출발할 수 있었다.

달리다 보니 마르고 거대한 산이 내 앞에 있었다. 구불구불 오르막 도로를 액셀러레이터 밟는 발바닥 강도를 달리하며 '그야말로 구불구불' 올라갔다. 갑자기 처음 내 차가 생겼던 스물두 살 때가 생각났다. 소나타 중고차를 몰고 지리산을 통과해서 남원으로 내려간 적이 있었다. 응달진 곳곳에 잔설이 있어서 자칫 잘못하면 굴렀을 수도 있었는데도 나는 용감했다.

　여전히 나는 무모했다. 가드레일 아래가 낭떠러지인데도 그 풍경에 취했다. 낭떠러지 밑도 메마른 땅이고 그 아래아래도 마찬가지였다. 태양에 빛나는 모래 둔덕에 비현실적으로 진한 녹색을 발견한 것은 산중턱에 다다를 즈음이었다. 차를 멈췄다. 호수였다.

호수를 품고 있는 마른 산

　사막에서 오아시스를 발견한 것처럼 반가웠지만 함께 환호성을 질러 줄 사람은 없었다. 차도 아주 띄엄띄엄 지나갔다. 특히 외곽에서는 차 구경하기가 더 힘들다. 처음 공항에서 만난 우버 택시 기사 아멘이 내가 요르단을 떠날 때도 배웅했다. 그는 자신이 가는 곳은 고작 유명한 관광지를 연결하는 도로일 뿐인데 너는 방방곡곡을 다니더라며 놀라워했다.

　그래서 그럴까. 현지인들은 이방인인 여자 혼자서 운전하는 것을 신기하게 보았다. 사막을 달리다가 마을로 들어설 때가 있었다. 마을 중심인 시장을 지나면 현지인들이 나를 향해 알아듣지 못할 말을 했다. 그럴 때면 웃으면서 손을 흔들어 주거나 그것도 귀찮으면 모른 척해 버렸다. 이곳 시장도 이집트처럼 차와 사람이 뒤엉켰다. 끼어들기도 잘하고 클랙슨 소리도 빈번했다. 제법 넓은 도로로 빠져나오면 홍차를 파는 남자가 차 사이를 누볐다. 그는 신호가 걸렸을 때 길쭉한 주둥이가 있는 큰 주전자와 찻잔을 들고 정차된 차를 향해 찻잔을 들이밀었다.

손수 운전을 하다 보면 정해진 루트대로만 가는 관광과 달리 다양한 모습을 구석구석에서 볼 수 있다. 그게 묘미이기도 하지만 간혹 여자 혼자일 때는 예기치 않은 상황과 맞닥뜨리기도 한다.

산 중턱에서 호수 사진을 찍고 돌아설 때였다. 현지인 남자들로 앞뒤 좌석을 꽉 메운 차가, 차창을 다 내리고는 나를 보았다. 새카만 얼굴이라 두 눈만 유난히 확대되었다. 그들이 내게 말을 걸면서 속도를 줄였다. 당황할 필요는 없었다. 한 가지 상황에 몇 가지 결과가 나온다고 했을 때, 당황하면 제일 좋지 않은 결과로 귀결된다는 것을 경험으로 알고 있었다. 모른 척하면서 운전대를 잡았다. 웬걸, 요 남자들, 아주 천천히 운전하면서 내 진로를 방해한다.

에라, 요것들!

5분 혹은 10분이나 지났을까, 마침 뒤에서 지프가 와서 내 차를 추월할 때 나도 액셀러레이터 밟은 발바닥에 힘을 주고는 그 차를 추월해 버렸다. 다른 차가 있어야 그들이 딴짓을 못한다. 오르막길이었고 산 정상 부근을 막 지날 때였다. 그들이 탄 차는 오래된 자주색 기아 세피아였다. 딴마음이 있었던 게 아니라 성능이 좋지 않아 오르막길에서 서행할 수밖에 없었을까. 그들을 한참 떨어뜨려 놓고 나서야 달리 생각해 보았다.

산을 내려와서 풍력발전기가 지평선에 일렬로 서 있는 곳을 지나쳤고, 도로변에서 양 떼를 몰고 가는 어린 목동과 베두인 텐트로 추정되는 언덕을 봤으며, 좁은 길 하나만 달랑 있는 도로를 달려 마침내 목적지에 도착했다.

요르단의 비타민

하루하루가 '생존'이라는 말이 맞다. 성추행당할 뻔한 남자한테도 담담했던 내가 차를 렌트한 날부터 긴장했다. 운전을 하면서도 그랬다. 하지만 아침이면 사막 벌판을 달렸다. 가슴이 떨렸다. 사막 운전은 중독성이 있었다. 아니, 니코틴과 커피 향을 품고 있는 사막 바람이 그들에게 그리고 나에게도 끈질긴 활력을 주고 있는 것인지도 모르겠다. 이 둘이 정말 요르단의 비타민일까. 그럴지도!

이라크가 지척인데 가지 못한다. 여행 금지 국가다.

마른 땅에 가는 물줄기 같은 도로를 따라 운전을 하고 있다.

요르단

⑨

암벽 타며 하얀 포말 속으로,
생명의 기운, 와디무집 계곡 어드벤처

요르단은 관광국이다. 고대 그리스 로마 유적지뿐만 아니라 가나안에 자리 잡은 나라여서 기독교 순례자들의 발길이 끊이질 않는다. 모세와 이스라엘인이 이집트 땅을 떠나 약속의 땅으로 향하면서 지나갔다고 하는 왕의 길, 모세가 죽었던 네보산, 예수 그리스도가 세례를 받았던 요르단 길 등이 있다. 대다수의 요르단 사람들은 무슬림이지만 기독교와 유대교 유적지를 잘 보존하고 있다. 뿐만 아니라 신비한 지형이 여러 곳이다.

〈아라비아의 로렌스〉 영화 배경이 되었던 와디럽의 광활한 사막에서의 사막 체험, 유일한 항구인 아카바에서 스쿠버 다이빙, 소금 호수인 사해에서 몸을 띄우거나 머드팩을 할 수 있다.

하지만 요르단 관광지 입장료는 유독 비싸다. 비싸지만 꼭 둘러봐야 한다는 것이 페트라의 치명적인 단점이기도 하다.

페트라

〈인디아나 존스: 최후의 성전〉 영화 배경이 된 페트라_{그리스어로 '암벽'이라는 뜻이다}는 해발 950m에 위치한다. 그 주위로 높고 가파른 암벽이 골짜

페트라

페트라 캔들나이트

기를 형성한다. 적의 침입으로부터 안전하고 모래바람까지 막아 주는 암벽이 있다. 물이 지나가는 자리이기도 한 페트라는 기원전 400년에 유목민족 나바테아인들이 자리를 잡았다.

골짜기가 워낙 좁아 큰 규모의 건물을 세울 수 없자 이들은 자연환경을 이용했다. 암벽을 파고 들어가서 무덤과 주거지를 만들었다. 암석은 파거나 조각하기 쉬운 사암이었다. 현재까지 8km에 달하는 마을에 800개의 주거지와 무덤이 있다.

그 당시 나바테아인들은 부유했다. 지중해 연안까지 여러 대상로를 장악했다. 무역 수입뿐만 아니라 페트라를 통해 이집트, 지중해, 시리아 등으로 가야 했던 대상들에게 통행료를 받았다. 기원전 5세기부터 기원후 2세기 사이에 전성기를 누렸다.

하지만 1812년 루트비히 부르크하르트가 이곳을 발견하기 전인 700년 동안 세상에 알려지지 않았다. 무역로가 바뀌어서 쇠퇴하기도 했지만 요새와 같은 마을 입구 때문이다.

나는 요르단에 있는 동안 페트라를 두 번 다녀왔다. 처음에는 우버 택시를 이용했다. 차를 렌트한 뒤에는 직접 운전해서 한 번 더 갔다. 캔들 나이트를 보기 위해서였다. 캔들 나이트는 월, 수, 목요일 오후 8시부터 진행하는 일종의 이벤트이다. 캔들 나이트가 열리는 밤이면 마을 통로인 1km 시크 Siq: 요르단의 고대 도시 페트라의 협곡 입구 뿐만 아니라 시크가 끝나는 암벽 사원 앞 광장까지 촛불을 밝힌다. 그곳에서 베두인들이 공연을 한다. 지금은 베두인들의 삶의 터전이 되었다.

와디무집 ~~~~~

페트라와 비슷한 암벽으로 이루어진 와디무집Wadimujib Adventure 또한 빼놓을 수 없는 여행 포인트이다. '와디'는 '협곡계곡'이라는 뜻이다. 요르단 지명에 빈번하게 나온다. 그만큼 사막과 협곡이 많은 곳이 요르단이다. 하지만 와디무집 협곡 사이로는 엄청난 양의 물이 쏟아진다. 그곳을 거슬러 올라가는 것이 와디무집 계곡 어드벤처. 인터넷 검색으로 이곳을 알게 됐을 때부터 내 가슴을 설레게 했던 곳이기도 했다. 암만에서부터 쉬지 않고 2시간 동안 운전을 했다.

하지만 와디무집 계곡 어드벤처 리셉션 데스크에 있는 직원은 내가 혼자라는 것을 문제 삼았다. 가이드가 동행하는 것이 낫겠다고 했다. 나는 망설였다. 익히 위험하다고 이미 블로그에 올린 글을 읽었지만 체력만은 자신 있었다. 가만 보니 나는 점심도 거르고 있었다. 만약 사고가 나면? 그래, 누군가가 있어야 해. 가이드 비를 물어봤다. 35디나르라고 했다 입장료는 21디나르. 입장료와 가이드 비용을 포함해서 50디나르로 하자고 하자 직원이 좋다고 했다.

로컬 가이드와 동행한 것이 결과적으로 잘했다. 첫 단계는 물놀이하듯 얕은 계곡물이지만 오를수록 물살은 강해지고 수심이 깊어졌다. 내 키를 훌쩍 넘는 곳도 있었다. 암벽은 미끄러웠다. 미끄러운 암벽에 로프가 매달려 있거나 철 계단이 있지만 만만치 않았다. 로프를 잡고 깊은 물을 통과해야 하고 물이 계속해서 쏟아지는 암벽에 걸쳐진 철 계단을 올라가야 했다.

가이드가 도와주긴 했지만 내 체력도 쓸 만했다. 30분 만에 목적지에 당도했다. 너무 빨라 작은 폭포 물살에 마사지할 수 있는 포인트를 알려 주기까지 했다. 목적지에 도착했을 때는 쏟아지는 폭포 안으로 들어가, 의외로 평안한 공간에서 가부좌를 틀고는 한참을 있었다. 가이드는 서두르지 않았다. 명상할 시간을 충분히 주었다.

　물살을 거슬러야 올라갈 수 있었다면 내려가는 길은 물살에 몸을 맡기면 되었다. 하지만 가이드는 내가 더 용기 내기를 바랐다. 철 계단이 나올 때면 그 옆, 들어가지 말라는 금지 팻말 밧줄 안으로 나를 이끌었다. 그러고는 나를 돌아보면서 할 수 있냐고 물었다. 나는 있는 힘껏 목청을 크게 해서 할 수 있다고 답해야 했다. 그 대답이 끝나자 그가 먼저 미끄러지듯 암벽을 타면서 하얀 포말 속으로 뛰어들었다. 나도 뛰어들었다. 그렇게 하기를 두어 번. 가슴이 뻥 뚫리면서 나도 모르게 환호성이 터졌다.

　가이드를 믿었기에 가능했다. 안전 조끼도 든든했다. 가이드는 나 대신 방수 가방을 메고 있었다. 거센 폭포수가 있어서 방수 가방은 필수였다. 그 안에 휴대폰 등 중요한 것들을 넣었다. 중간 지점에서는 사진도 찍을 수 없다. 위험하기 때문이다. 사진은 처음과 끝 지점에서 가이드가 찍어 주었다.

　수심이 얕은 마지막 계곡물에서는 하늘을 보고 누웠다. 자연스럽게 물살에 몸을 맡겼다. 그때 나는 좁은 협곡 사이로 쏟아지는 햇살 속으로 유유히 날아가는 한 마리 새를 보았다. 내 몸이 가벼워지면서 어느새 나도 새가 되어 공중을 유영하고 있었다.

　작열하는 태양과 적막한 풍경. 치명적인 푸른빛으로 빛나던 사해Dead Sea. 부서지지만 또 살아나서 끊임없이 움직이는 하얀 포말. 마른바람 속에서도 오랜 시간 우뚝 서서 견뎌 내고 있는 협곡. 모든 것이 생명력이 강했다. 끈질긴 생명력으로 척박한 환경에서 살아가고 있었다. 순간, 내 가슴 속에 꿈틀꿈틀 뭔가가 샘솟고 있었다.

내가 그곳에서 품은 생명력은 강인했다. 귀국하자마자 수영을 배우기 시작했고 그해 겨울 이집트 다합으로 날아가 두 달 동안 고된 훈련을 마치고 나서 마침내 스쿠버 다이빙 다이브 마스터가 되었다. 물 공포증을 이겨 낸 것이다.

와디무집 계곡 어드벤처

10

앗, 비행기를 놓쳤다!
인생 최고의 실수를 저질렀지만

아, 비행기를 놓쳤다!

"어떻게 너는 그걸 착각할 수가 있니?"

M이 내게 물었다.

"요즘 날짜 감각이 없어. 뭐, 새로운 경험이라고 생각하지 뭐."

나는 그의 질문에 비교적 담담하게 말했지만 오늘 인생 최대의 실수를 저질렀다.

M을 만나기 한 시간 전이었다. 휴대폰에서 이스라엘 예루살렘 인근에 예약한 숙소 알람이 떴다. 예약 날짜가 오늘이었다. 실수할 내가 아니었다. 불안한 마음에 비행기 출발일을 확인했다. 월요일 13시 30분이었다.

앗, 오늘이 월요일이잖아?

알고 났을 때는 이미 늦었다. 한 시간 안에 짐을 꾸려 공항으로 출발할 수는 없었다. 공항으로 가는 시간만도 40분이나 되었다. 나를 무감각하게 한 것은 내가 머물고 있던 숙소 여주인 태도도 한몫했다.

오전 내내 내가 휴게실을 서성거리면서 여유를 부렸는데도 그녀는 체크아웃을 해야 한다느니 추가 요금을 지불해야 한다느니, 하는 어떤 말도 하지 않았다. 비행기를 놓친 것을 알고는 하루 숙박요금을 더 내야 하지 않겠냐고 하자 그녀는 수줍게 웃기만 했다.

"그럼 이제 너는 어떻게 할 거니?"

나보다 더 걱정이 많은 M은 항공 예약 확인 인쇄지를 내밀면서 물었다.

시리아 출신 약사 M

암만 올드시티에서 인쇄기를 찾는 것은 그리 쉬운 일이 아니라는 것을 전날에야 알았다. 특급 호텔에나 가야 있었다. 항공 예약 확인증은 이미 메일에 저장되어 있지만 보안 수속이 까다로운 중동에서 사

아멘

소한 한 가지라도 꼬투리를 잡히고 싶지 않았다. 완벽하게 준비해야 했다.

약사로 근무하는 그에게 인쇄를 부탁했다. 약국은 있겠지 싶었다. 하지만 그는 이곳 모든 약국에는 인쇄기가 없다고 했다. 인쇄를 할 수 있는 카페가 한 군데 있긴 한데 여행객에게는 바가지를 씌울 수 있다면서 자신이 기꺼이 도와주겠다며 낙담하는 나를 다독였다. 그런데 나는 그의 수고로움을 쓸데없는 노력으로 만들고 말았다.

비행기 대신 버스

　3일 전, 페트라 캔들 나이트에서 베두인 공연을 보고 나올 때였다. 내게 사진을 찍어 주겠다고 다가왔던 베두인이 계속해서 따라온 일이 있었다. 밤새 축제를 하는데 함께 참여하자는 거였다. 강하게 거절했기에 여느 남자처럼 적당히 따라오다 말겠지 싶었다. 그런데 이 양반 나보다 더 끈질겼다. 촛불만 켜진 어두운 협곡 길이었다. 어떻게 떼어 낼까 고민하고 있을 때 앞서가던 건장한 독일인 두 명이 걸음을 늦춰 주었다. 베두인은 다음에 보자는 말을 남기고는 돌아섰다.

　나를 도와준 그들과 페트라 입구 시크를 빠져나오면서 이야기를 나누었다. 그들은 다음 날 버스를 타고 이스라엘로 간다고 했다. 여행지 순서가 나와 같았지만 나는 3일 뒤에나 비행기를 타고 갈 계획이었다. 육로보다는 항공편이 더 안전할 거라는 판단에 이미 한국에서 항공편을 예약해 놓은 상태였다. 하지만 그 순간, 버스를 타고 국경을 넘는 것도 재미있을 거라는 생각을 했다. 그때의 마음이 무의식적으로 작용을 했던 것일까. 정말, 한 터럭의 의심도 없이 비행기를 놓쳤지만 M에게 미안할 정도로 짜릿하기까지 했다.

　일사천리로 이스라엘로 가는 방법을 찾아내기는 했다. 먼저 요르단 공항에 도착했을 때 만났던 우버 택시 기사인 아멘에게 전화를 했다. 대강 상황을 전하고 버스를 타고 국경을 넘어야 하는데 그곳까지 택시로 갈 수 있는지, 그렇다면 경비는 얼마나 되는지 등을 물었다.

　한 시간 사십 오 분 정도 사해 쪽 King Hussein Bridge 으로 달려야 하는데 택시비는 25디나르약 5만 원라고 했다. 비행기 요금보다는 쌌기에비행기는 편도 40만 원이었다 선택의 여지는 없었다. 다음 날 아침 8시에 숙소 앞에서 만나 출발하기로 약속을 하고는 M을 만나기 위해 나섰던 거였다.

시리아 출신 약사 M

M은 내가 주문해 준 아랍 아이스크림을 그리 좋아하지 않았다. 그는 시샤와 튀르키예 커피 그리고 술은 입에 대지도 않았다. 덩치가 컸지만 매사에 지나치게 조심하는 그의 태도는 한편으로는 주눅 들어 보였다. 그는 시리아 출신이었다.시리아 내전 및 그곳에 기반을 둔 IS가 악명을 떨치던 때였다. 그의 아버지가 암만 모 메티컬 센터에서 근무하고 있어서 그의 가족은 13년째 요르단에서 살고 있었다. 약학과를 우수한 성적으로 졸업했지만 얼마 전에야 일자리를 어렵게 구할 수 있었다고 했다.

약국은 아침 8시부터 자정까지 문을 연다. 그는 일주일에 금요일만 쉰다. 이틀 전까지는 14시부터 22시까지 일했지만 전날 16시부터 자정까지로 근무 시간이 바뀌었다. 여자 약사와 약국 주인 그리고 그, 이렇게 세 사람이 교대로 근무한다고 한다.

내가 요르단에 도착한 2일째, 로만앰피시어터에서 그를 처음 만났다. 그는 그의 여자 친구와 함께 산책을 나온 길이었다. 몇 번 더 이들과 만나게 되면서 서로가 속마음을 털어놓은 사이가 되었다.

M은 요르단에 살면서도 요르단 사람이 아니기에 제삼자 입장에서 객관적으로 현재 사회를 들여다보고 있었다. 진솔하기까지 했다. 그의 여자 친구는 요르단 출신인데 몇 년 전 이혼하고 간호사 교육을 받고 있다고 했다. 나는 깜짝 놀랐다. 무슬림 여성들은 아주 특별한 상황이 아닌 이상 이혼을 할 수 없다고 생각하고 있었기 때문이다. 그것은 오해였다. 그의 말에 따르면 이혼 비율이 의외로 높았다. 70~80% 정도

이고 어릴 때 부모 뜻대로 결혼했던 무슬림 여자들이 먼저 이혼을 요구하는 경우가 많다고 했다. 이 외에도 이민자에 대한 불평등을 이야기했다. 그는 시리아 출신 약사였다. 자국민보다 60만 원 적은 130만 원을 받고 있었다. 자신의 나라에 대한 안타까움도 상당히 컸다. 나는 애써 담담하게 근무 시간이 다 되어 일어나는 그와 포옹을 하고는 그의 여자 친구에게는 전화로 고마움을 전했다.

숙소로 돌아와 짐을 꾸렸을 때는 이곳에서 만났던 사람들이 스치고 지나갔다. 남편과 사별하고는 6개월째 세계 여행을 다니고 있던 마리코 그녀는 유일하게 모국어만 했지만 큰 캐리어를 끌고 잘 다녔다. 천만 원을 대출받아 한 학기 휴학하고는 세계를 돌아다닌다는 도쿄 소재 대학의 교육학과 학생 토모 그리고 아침마다 손을 흔들어 주었던 숙소 맞은편 법원 건물 앞을 지키던 군인…. 이제는 모든 것들을 뒤로해야 했다.

토모

마리코

다음 날 아침 8시에 아멘을 만나 '킹 후세인 다리' 출국장까지 달렸다. 아멘도 초행길이라 이스라엘로 가는 티켓 예매 창구를 찾는 데에 힘들어했다. 티켓 예매 창구를 찾았을 때는 그가 현지인이란 이유로 곧장 떠나야 했다. 혼자 남은 나는 창구 직원이 시키는 대로 미리 여권과 출국세 10디나르를 냈다. 30분 뒤에 도착한 버스 안에서 요금 7디나르를 지불하고는 여권을 받았다. 버스 출발 20분 뒤에 이스라엘 입국장에 도착했다. 다리 지나기 전 검문 과정에서 니캅 입은 여인과 그녀의 두 아이들이 강제로 하차해야 하는 것 외에는 무사했다.

이렇게 해서 나는 또 다른 새로운 세계에 발을 디딜 수 있었다.

커피 배달 아저씨와 그의 가게

단골 시샤 카페 이집트 출신 종업원

잘 가꾸어진 야자수 가로수 길을 걸었고 노인들이 담소를 나누는 공원을 지났다.
군데군데 노랗게 빛나는 주유소를 봤다.
해안가에 도착해서는 담 그늘에 앉아 책을 읽었다.
간혹 고개를 들어 수영을 하거나 서핑을 즐기거나 오일을 바르고
살을 태닝하는 사람들을 바라보았다. 산책 삼아 모래사장을 걷기도 했는데
발바닥과 발등을 감싸는 부드러운 모래 촉감은 곧 그리움으로 바뀌었다.

이스라엘

(11)

미로 같은 골목길,
예루살렘에서 길을 잃다

이스라엘에서의 환영 인사

　바르셀로나에 있을 때 횡단보도 없는 도로를 건너려고 할 때면 달려오던 차가 멈췄다. 차가 다니기 이전부터 사람이 걸어 다닌 곳이라고 해서 유럽은 무조건 사람이 우선인 곳이 대부분이다. 이집트보다는 요르단이 도로 교통이 그나마 신사적이다. 하지만 외국인이 걸어 다닐 정도는 아니었다.
　암만에서 렌트한 차를 반납했을 때 숙소까지 운동 삼아 걷고 싶었다. 50분 정도 걸으면 되었다. 20분도 걷지 못하고 우버 택시를 불러야 했다. 이집트든 요르단이든 철저하게 자동차 중심이었다. 횡단보도는 찾기 힘들었다. 있다 하더라도 제 기능을 하지 못했다. 무단 횡단이 일상이다. 이스라엘 육로 입국장을 나와 예루살렘으로 가는 셔틀버스를 탔을 때 운전기사가 이렇게 말했다.
　"여러분, 안전벨트를 매세요!"
　다른 중동 지역에서는 절대 들어볼 수 없는 말이었다. 낯선 이 땅이 갑자기 친숙해졌다. 이런 기분은 숙소에 도착해 저녁거리를 사러 슈퍼마켓에 갔을 때도 그랬다. 다양한 종류의 맥주와 위스키가 한 벽면 가득 진열된 코너를 보고는, 얼마나 반가운지 기쁨의 탄성을 터트렸다.

예루살렘의 구시가지

세계 3대 일신교인 유대교·그리스도교·이슬람교 주요 성지가 있는 예루살렘은 사연이 많다.

1947년 제2차 세계 대전 이후 유엔은 팔레스타인 지역을 분할한다. 예루살렘을 중심으로 동쪽은 아랍인 국가 팔레스타인, 서쪽은 유대 국가 이스라엘를 형성한다. 두 나라의 국경처럼 예루살렘을 국제 공동통치지역으로 남겨 둔다. 하지만 제3차 중동전쟁 1967년을 승리로 이끈 이스라엘은 동서를 통일해서 예루살렘을 점령하고 만다.

예루살렘은 지금도 국제법상으로는 이스라엘이나 팔레스타인의 영토가 아니다. 이스라엘은 예루살렘을 자신의 수도라고 말하는데도 국제사회가 인정하지 않은 이유가 여기에 있다. 그런데도 2017년 12월 6일, 도널드 트럼프 행정부에서는 예루살렘을 이스라엘의 수도라고 공포하기에 이른다.

예루살렘은 1981년 유네스코 세계문화유산에 등재된 구시가지가 있다 Site proposed by Jordan. 오스만 제국의 슐레이만 1세 때 재건된 거대한 도시 성벽 안에 있는 구시가지, 그곳에서는 이슬람교의 성소인 바위 돔과 알 아크사 모스크, 유대교 성지인 통곡의 벽 등이 있다. 무슬림·기독교인·유대인·아르메니아인 구역으로 나뉜다. 미로 같은 골목길이 네 구역을 연결한다. 상점과 식당 그리고 교회가 자리하고 있는 좁은 골목 길을 여행객들이 차지한다. 내가 처음 성벽 안쪽으로 들어섰을 때 그 미로 같은 골목길에서 길을 잃을 뻔했다.

숙소로 돌아와서는 같은 아파트에 거주하고 있는 프랑스 출신 유대인 노미에게 길을 잃을 뻔했던 경험을 말했다. 그녀는 현지인 가이드가 운영하는 예루살렘 1일 투어 신청을 도와주었다.

각각의 입장 차이 그리고 여행객

다음 날, 다국적 여행객으로 구성된 영어 현지 투어에 참여했다. 다섯 시간 동안 땡볕에서 걸어 다녔다. 넉넉한 성품의 유태인 가이드는 지식이 많았고 책임감도 강했다. 황금 돔Dome of the Rock, 팔레스타인 지역으로 입장하려면 까다로운 검문을 받아야 한다고 했다. 그녀는 혹시 가방 속에 이스라엘에 관한 책자가 있으면 놔두고 가라고 했다.

그녀의 경고만큼 그리 까다롭지는 않았다. 이미 이집트, 요르단에서 빈번하게 검문검색을 받아온 터라 나에게는 일상처럼 느껴졌다. 대신 구시가지 곳곳에 중무장한 이스라엘 경찰들이 더 경각심을 일깨워 주었다.

황금 돔 주위를 돌고 있을 때 바그다드에 있는 이즈마엘이 어디에 있냐고 문자를 보내왔다. "Temple of Mount성전산."라고 하자 그는 "팔레스타인 수도에 있구나."라고 했다.

예루살렘을 두고 유대인이나 아랍인들은 그들의 수도라고 했다. 그는 내가 이스라엘에 간다고 하자 "너는 팔레스타인에 가는 거야. 이스라엘이라는 단어를 우리는 사용하지 않아."라고 하면서 다시 내 말을 고쳐 주기까지 했다.

킹 후세인 다리까지 나를 데려다준 아멘은 팔레스타인 역사에 대해 아느냐고 물었고 항공권 예약서를 프린트해 준 시리아 출신 M은 유태인들을 조심하라고 했다. 왜 그러냐고 물었더니 "그들은 겉과 속이 달라."라고 말했다.

전날 투어 신청을 하면서 나를 도와준 프랑스 출신 유태인 노미에게 이곳에서 혼자 밤거리를 다녀도 되냐고 물었을 때 그녀는 여유롭게 담배를 피우면서 말했다. "위험하지는 않은데 팔레스타인 사람들을 조심해야 해. 그들은 가난해서 네 소지품을 훔칠 수도 있고 돈을 달라고 조를 수도 있거든."

나는 이들에게 어떤 반론도 하지 않았다. 역사 속 갈등으로 들어가면 내가 여행객으로 남아 있지 않을 것 같았다. 어디를 가든 좋은 사람도 있고 나쁜 사람도 있기 마련이다. 일단 나를 '백지' 상태로 만들어서 내가 직접 느끼고 싶었다. 이렇게 했으면서도 여전히 선입견이 작동했다.

유대인 현지인 가이드는 책임감이 너무 강해서 사진도 제대로 찍지 못할 만큼 여행객들을 바삐 돌렸다. 성벽 안 강렬한 태양과 인파에 에너지를 많이 뺏긴 나는 어서 숙소에 도착해서 시원한 맥주를 마시면서 쉬고 싶었다. 나는 숙소로 돌아가는 교통편을 구글맵에서 검색했다.

예루살렘은 팔레스타인과 유태인들이 사는 구역이 따로 있다. 대중교통도 다르다. 내가 예루살렘에서 나흘 동안 머물 곳은 유태인 구역에 있는 아파트이다. 유태인 구역은 유럽과 닮았다. 건물 모양새도 횡단보도 없는 도로를 건널 때 차가 일단 정지하는 것까지도.

구글맵은 내가 있는 Damascus Gate에서 걸어서 5분 거리에 있는 팔레스타인 버스 정류장으로 안내했다. 101번 버스를 타면 13분 만에 도착할 수 있다고 했다. 선뜻 걸음이 떨어지지 않았다. 중동에서 아주 적응을 잘했는데도 유대인 교통편을 원하고 있었다. 그들이 운영하는 것은 유럽과 같다. 트램도 버스도 스페인에서 공수해 온 것처럼 내릴 때 노란 버튼을 누르면 된다. 다음 도착지까지 알려 준다. 교통 카드만 있으면 편하게 요금을 지불할 수 있다.

나는 팔레스타인 버스 정류장까지 갔다가 북적거리는 것이 싫어서 다시 걸어 나와 유대인 트램 1번을 탔다. 팔레스타인 버스에서는 교통카드를 사용할 수 없어서일 수도 있지만 은근히 나는 '안전과 편함'을 추구하고 있었고 팔레스타인보다는 이스라엘이 더 안전하다고 느끼고 있었다.

팔레스타인과 이스라엘의 감정. 세계 각국의 이해관계가 얽힌 이곳. 하지만 나는 이 모든 것을 상관하지 않고, 자신의 안전만을 고집하는 여행자가 되고 있었다.

예루살렘 골목

일일 투어 유태인 가이드

통곡의 벽

이스라엘 경찰들

십자가를 짊어지고 가는 신도들, 예루살렘

황금 돔 사원

12

'항거'이면서 '자유'에 대한 갈망
저 벽은 누구를 위해 존재하는가

여행 중 휴식

집을 떠난 지 두 달이 지나가고 있었다. 카미노 데 콤포스텔라^{포르투갈} 길를 30일 넘게 걸은 뒤, 한시도 긴장을 풀 수가 없었던 이집트에서 열흘, 사막 바람을 맞으며 운전만 했던 요르단을 거쳐 마지막 일정인 이스라엘에서 13일을 채워 가고 있었다. 이스라엘은 중동 안의 유럽이었다. 편안하고 안전하다는 확신이 들자 나는 그만 쉬고 싶어졌다. 예루살렘에서 5일만 머무르고 텔아비브로 떠나야 했지만 이곳에서 이틀을 더 머무르기로 했다.

내 숙소는 아파트였다. 주인이 가끔 둘러보러 오지만 여행객들에게 어떤 간섭도 하지 않았다. 작은 테이블과 의자가 있는 베란다에서 다리 뻗고 누워도 춤을 추어도 맥주를 마시고 담배를 피워도 상관하지 않았다. 사용한 그릇만 깨끗하게 설거지를 해 놓으면 끝이었다.

폴란드 출신 제니와 이곳 토박이인 탐과 그곳에서 작은 파티를 했다. 여행을 하다 보면 아르바이트를 하면서 세계를 돌아다니는 젊은 친구들을 만나게 된다. 제니는 숙소 청소를 담당하면서 숙비를 절약하고 있었다. 그녀가 구시가지에서 관광하지 않고 쇼핑만 잔뜩 했다면서 탁

자에 옷가지들을 펼쳐 놓았을 때 나는 오늘 만난 탐에 대해 이야기를 했다.

탐은 내가 교통 카드를 만들 때 도와준 이스라엘 청년이었다. 그는 백 명이 넘는 초등학교 급식을 책임지는 요리사였다. 거의 영어를 못하지만 나와 맥주를 마시고 싶어 했다. 이 말을 들은 제니는 숙소로 부르는 것이 어떠냐고 제안했다. 베란다는 작은 파티를 하기에 안성맞춤이었다.

숙소

탐과 제니

탐은 맥주와 이스라엘 위스키를 사 왔다. 프랑스 출신 맥스와 친절한 노미가 뒤늦게 합류했다. 이스라엘 음악이 오래된 라디오에서 흘러나왔다. 우리는 국적 불명의 대화를 이어 갔다. 나는 '여행 중 휴식'을 제대로 즐기고 있었다.

하지만 다음 날인 금요일에는 늦잠을 잘 수가 없었다. 이스라엘 안식일인 '샤밧Sabbath'이었다. 유대인 지구에 숙소가 있는 여행객은 이틀 먹을 식량을 미리 구입해 놓아야 한다. 금요일 14시부터 토요일 해 질 녘까지 유대인의 모든 상점은 문을 닫는다. 교통도 끊긴다. 팔레스타인 식당에 가면 되지만 팔레스타인 대중교통을 이용해야 하기 때문에 불편하다. 나는 샤밧이 끝날 때까지 숙소에서 그야말로 아무것도 하지 않고 쉴 계획이었다.

뜻대로 되지 않았다.

한국인 영

돌이켜 보면 이번 중동여행은 내가 의도했든 그렇지 않든 끊임없이 나를 움직이게 하는 '바깥의 원동력'이 있었다. 예루살렘 숙소에서 편히 쉬려고 할 때도 마찬가지였다. 욕심이라면 연장한 이틀 안에 구시가지 바위 사원 황금 돔으로 일몰 풍광을 보는 것 정도라고 할까. 이런 게 으름이 내게는 용납되지 않았다. 숙소에서 한국인 영을 만났기 때문이다.

내 여행의 경우 한국인 여행객과 거의 부딪치지 않았다. 비교적 현지인이 머무르는 비교적 싼 숙소를 예약해서일 수도 있다. 설령 한국이 아닌 외국에서 같은 나라 사람을 만난다 해도 다른 나라 국적의 여행객들처럼 여행객일 뿐이었다 그만큼 해외 자유여행이 이제는 특별하지 않다. 어느 나라 사람이든 서로 공통된 관심사가 있어야 잠깐이라도 동행이 가능했다.

영은 차를 렌트해서 홀로 성지순례를 하고 있었다. 나처럼 예루살렘 구시가지 야경을 보고 싶어 했다. 잘됐다 싶었다. 혼자 야경을 보러 가기에는 위험한 곳이었다. 그와 함께 예루살렘의 미로 같은 어두운 골목을 돌아다녔다. 마침 유태인 안식일이어서 통곡의 벽은 키파나 검은 정장에 중절모를 쓴 바리새인Pharisai人들로 북적거렸다. 황금 사원은 무슬림만 출입이 가능한 시간이었다. 비교적 가까운 거리에서 인산인해를 이루는 통곡의 벽 너머 황금 돔으로 해가 지는 것을 볼 수 있다.

통곡의 벽 너머 황금 돔 사원 야경

돌아오는 길에 영이 말했다.

"베들레헴에 가고 싶은데 노란 번호판이슬라엘 자동차 번호판 색깔을 보면 팔레스타인 사람들이 돌팔매질할 것 같아서 갈까 말까 생각 중입니다."

베들레헴은 예루살렘에서 10km밖에 떨어져 있지 않지만 심리적인 거리는 만만치 않다. 이스라엘과 팔레스타인의 경계 지역이라 분리 장벽과 검문소를 지나야 한다. 여전히 뜨거운 분쟁지역West Bank이라 자동차 보험이 있으나 마나 한 곳이었다. 나는 그에게 딱, 한 마디만 했다. "한번 가기로 결정했으면 가야 하는 것 아닌가요?"

다음 날부터 나는 그를 따라다녀야 했다.

분리 장벽

이틀 동안 영과 서안 지구를 돌아다녔다. 사람들은 친절했고 평화로웠다. 도로는 한적하고 깨끗했다. 기독교 성지 또한 관리가 잘 되어 있었다. 노란 번호판을 보고 돌팔매질하는 사람은 없었다. 예루살렘과 다를 바 없는 그곳에서 내 시선을 끄는 것이 있었다. 분리 장벽이었다.

언제부터인가 그 장벽에 그림이 그려지기 시작했다. 그 시작은 영국 출신 그라피티 아티스트인 뱅크시Banksy였다.

뱅크시의 캔버스는 거리 담벼락이었다. 어느 누구에게도 자신을 노출시키지 않으면서 정치적인 풍자와 유머가 담긴 그림을 그려 놓고 사라지곤 했다. 분쟁 지역의 분리 장벽과 거리에도 어김없이 그의 그림은 자유로우면서도 해학적이었다. 전쟁과 권위주의에 반대하고 사회와 세태를 풍자했다. 그의 풍자는 장벽을 쌓은 이스라엘에 대한 항거이면서 자유평화에 대한 갈망이었다.

이틀 동안 팔레스타인을 돌아다니면서 기독교 성지뿐만 아니라 거리 벽화를 카메라에 담아 왔던 나는 이스라엘 영역으로 들어서는 분리 장벽의 긴 검문 차량 행렬에 들어섰을 때 불쑥 의문이 들었다. 저 벽은 과연 누구를 위해서 존재하는 걸까?

마침 이라크에 있는 이즈마엘에게 오늘 어땠냐는 문자를 받았다. 나는 덤덤하게 말했다. "사람 사는 곳은 다 똑같더라. 단지 돈 있고 없고의 차이더라." 분리 장벽 또한 돈 있는 자들을 위한 장벽이었기 때문이다.

통곡의 벽. 키파 쓴 유태인 꼬마

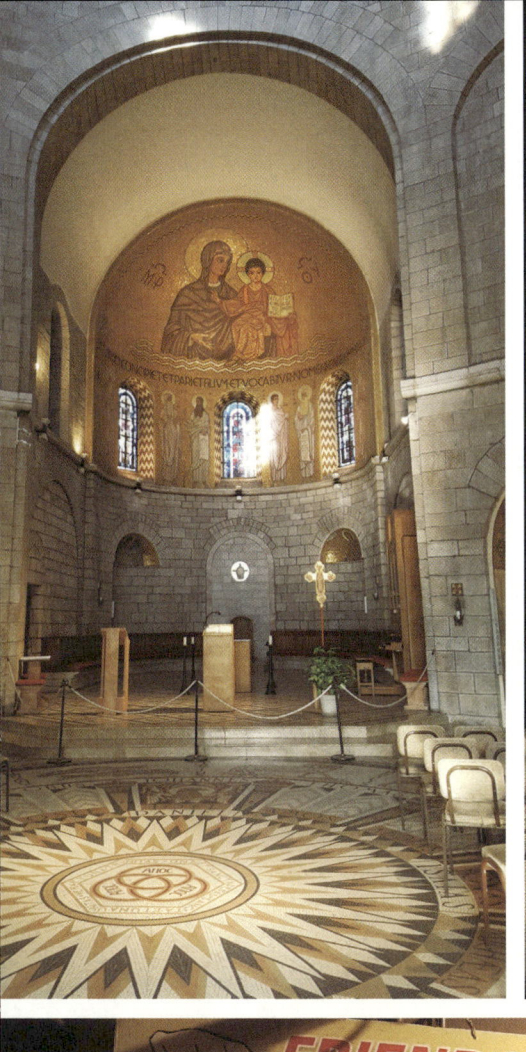

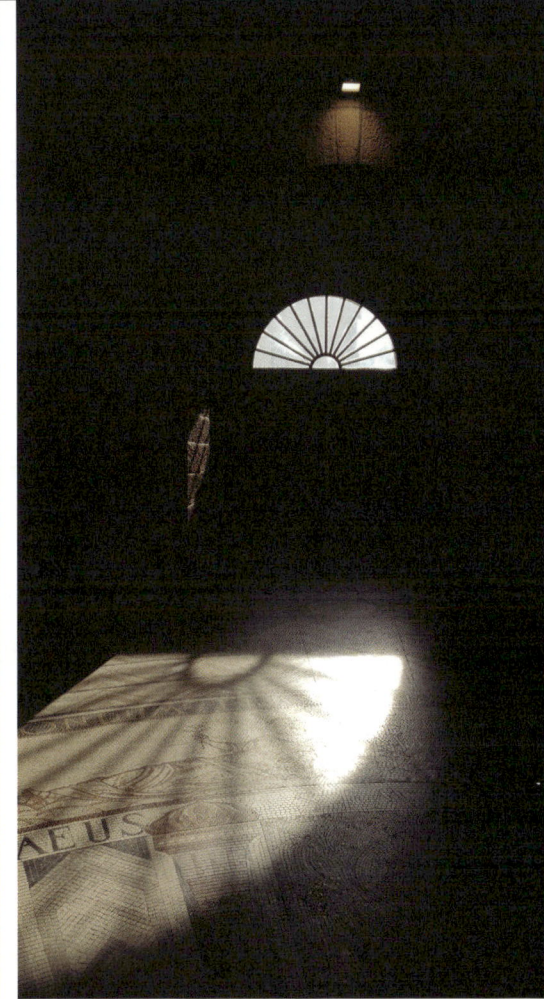

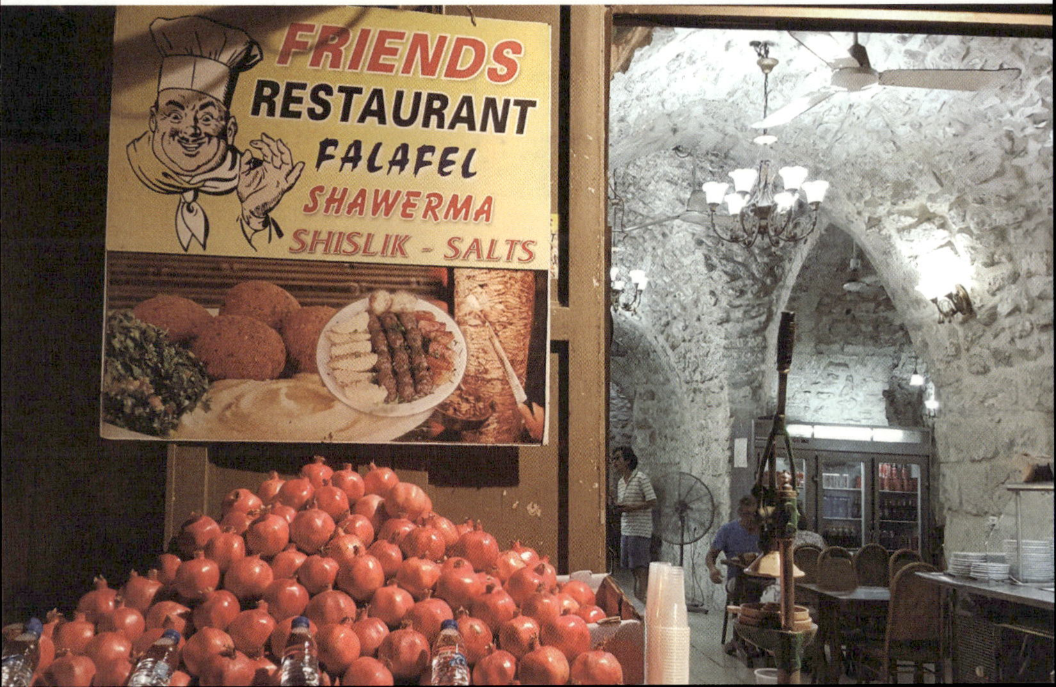
FRIENDS
RESTAURANT
FALAFEL
SHAWERMA
SHISLIK - SALTS

사람과 사람 사이

| 13 |

돌아갈 '나라'가 있고,
짐을 풀 '집'이 있어서 여행이 '더' 좋다
귀국하는 시간들

느리게 가기만 하는 시간 ~~~~~

돌아갈 나라가 있어서, 짐을 풀 집이 있어서 여행이 더 좋다. 돌아갈 그곳이 좀 더 안락하고 안전하며 건강한 곳이라면 더할 나위 없겠다. 여행 중에 만난 사람들을 떠올려 보면 그들의 나라가 부유하고 자유로울수록 자신감이 넘쳐 보였다. 개인의 능력이 뛰어나도 나라가 든든하게 버텨 주지 못 해서 제 능력을 펼칠 기회조차 가지지 못 하는 경우도 봤다.

귀국할 날이 다가오자 나는 조금 센티멘털해졌다. 이스라엘의 사실상 수도이며 행정 도시인 텔아비브Tel Aviv 해안가에서 그 고운 모래에 'I miss my country.'라고 쓰기도 했다.

나는 예루살렘에서 텔아비브에 있는 숙소로 옮긴 뒤로 매일 하이파Haifa를 거쳐 해안가로 걸어갔다. 잘 가꾸어진 야자수 가로수 길을 걸었고 노인들이 담소를 나누는 공원을 지났다. 군데군데 노랗게 빛나는 주유소를 봤다. 해안가에 도착해서는 담 그늘에 앉아 책을 읽었다. 간혹 고개를 들어 수영을 하거나 서핑을 즐기거나 오일을 바르고 살을 태닝 하는 사람들을 바라보았다. 산책 삼아 모래사장을 걷기도 했는데 발바닥과 발등을 감싸는 부드러운 모래 촉감은 곧 그리움으로 바뀌었다. 시간은 해치워야 할 숙제처럼 느리게만 갔다. 드디어 출국 날짜가 되자 다시 새로운 여정을 탐험하는 사람처럼 설레어서 4시간이나 일찍 공항에 도착했다. 생각지 못한 수난이 기다리고 있을 거라고는 짐작도 못 했다.

잠정적인 테러리스트가 되다

나는 이스라엘에 오기 전에 이집트와 요르단에 들렀다 왔다. 그곳에서 누구보다 더 현지인들과 소통하며 여행을 했다. 티켓팅을 하기 전 보안 요원이 이렇게 물었다. "…그곳에서 현지인들과 접촉을 했나요? 그들이 준 물건을 받은 적이 있나요? 얼마나 그들과 함께 시간을 보냈나…."

'예스 맨'이 된 나는 그만 잠정적인 테러리스트가 되었다. 직원은 나를 다른 대기 줄로 안내했다. 그곳에는 딱 봐도 니캅 입은 여자 등 무슬림 전용 보안 검색대처럼 보였다. 나는 따로 짐을 부치지 않았다. 45리터 배낭을 메고 작은 크로스 가방을 어깨에 둘렀을 뿐이다. 기내에 들고 갈 만큼의 무게였다. 하지만 얼마나 꽉꽉 눌러서 쌌는지 무게가 만만치 않았다. 대기하고 있는 사람들 앞에서 이 짐을 다시 다 꺼내야 했다.

한 시간이나 기다렸을까. 드디어 내 차례가 되었다. 고생깨나 하며 쌌던 배낭을 엑스레이 검색대 위에 올려놓았다. 마르고 신경질적으로 보이는 남자 담당 직원이 일일이 다 꺼내서 그 긴 막대_{폭발물 탐지 막대}로 칫솔질하듯 문질러 대는 것이 아닌가. 담당 직원의 이마와 뺨에 땀이 흘러내렸다. 내가 정말 테러리스트가 된 것 같았다. 만났던 누군가가 폭발물을 몰래 넣어 뒀을 수도 있다? 그 정도로 진지했고 분위기가 삼엄했다. 한편으로는 아무리 검색해 봐라, 장난감 총이나 화약 하나 나오나 봐라, 라며 테러리스트가 된 '상황'을 즐겼다_{언제 이런 기회가 또 있을까.}

드디어 모든 수속을 다 밟았다고 생각했을 때 턱 하니 내 앞에 서 있는 것은 안면 인식기였다. 나는 안내원의 지시에 따라 얼굴 촬영을 했다. 촬영된 내 얼굴과 여권에 붙어 있는 사진과 비교했다. 양쪽 귀가 다 보이도록 머리를 귀 뒤로 넘겼지만 실물보다 여권 사진이 훨씬 예뻤다. 설마 70% 이상 다르다고 나오지는 않겠지? 사진은 내 걱정과 달리 나를 배신하지 않았다.

이 모든 출국 수속을 마치고 나자 그만 진이 빠져 버렸다. 공항에 도착해서 우즈베키스탄 보따리 장사 아줌마들 틈에서 어렵게 티켓팅을 시작으로 장장 4시간 동안 꼼짝없이 서 있었다. 무사히 집에 갈 수 있을지 의문이었다. 이륙 시간이 겨우 10분 남았다. 탑승구를 향해 뛰었다. 파라다이스 같은 면세점이 내 앞으로 펼쳐졌지만 커피 한 잔 마실 수 없었다. 다리에 힘이 풀리자 악담을 퍼부었다.

"다시는 이스라엘에 오는가 봐라."

비행기와 얽힌 공항 출입국 이야기

어렵게 탄 우즈베키스탄 비행기는 한 시간 늦게 이륙했다_{알았다면 면세점에서 현지 통화를 다 사용했을 것이다.} 인상적인 것은 아무도 짜증을 내지 않는다는 거였다 우즈베키스탄의 낙천적인 국민성을 보았다고나 할까. 타슈켄트에 무사히 도착하자 승객들은 기장을 향해서 박수를 쳐 주었다 우즈베키스탄 국적기가 몇 주 전에 추락 사고가 있었다고 하던데, 그런 이유 때문이었을까. 마음 졸이는 사람은 나뿐이었다. 30분 안에 환승 수속을 마치고 인천으로 가는 비행기를 타야 했다. 실은 거의 포기한 상태였다. 어떻게 그 시간에 보안 수속이며 티켓팅 등을 다 할 수 있단 말인가.

기내를 서둘러 나가자 공항 직원이 환승할 손님들을 기다리고 있었다. 간단 보안 수속만 밟을 수 있도록 안내했다. 우즈베키스탄이 나를 버리지 않았던 것이다.

경비를 절약하기 위해 환승을 빈번하게 하는 나는 공항과 얽힌 에피소드가 많다. 이스라엘에서 귀국할 때도 그렇지만 베이징 공항에서 억류된 적도 있었다. 중국은 24시간만 지나지 않는다면 비자가 필요 없다. 인천에서 포르투갈 리스본으로 가는 길에 칭다오와 베이징을 잠깐 거쳤다. 두 공항에 머문 총 시간은 23시간인데 공안이 하루가 지난 것으로 착각해서 나를 따로 관리했던 거였다.

유럽에서 주로 이용했던 라이언에어 탑승 후기도 만만치 않다. 기차보다 가격이 싼 라이언에는 기내에 들고 갈 가방 무게와 크기를 '무섭게' 재고는 조금이라도 초과하면 '또 무섭게' 돈을 받아 냈다. 체코에서 부다페스트로 갈 때였다. 무게 체크하는 담당 직원과 그에 불만을 품은 중국 여인이 제대로 한판 붙은 적이 있었다. 화가 머리끝까지 난 중국 여인은 돈을 내는 대신 빈 캐리어를 버렸다.

나는 비교적 최근의 일도 말해야 할 것 같다. 2021년 겨울에 40일 정도 튀르키예 2021년 당시의 국호는 '터키'에 머문 적이 있다. 그곳에 갈 때에는 중국 우한에서 코로나바이러스19가 창궐했지만 우리나라 확진자

숫자는 미미했다. 그때만 해도 튀르키예는 청정 국가였다. 엄격하게 중국인 입국을 금지시켰다.

　귀국 날짜가 다가올 즈음 대구 모 종교 집단에서 코로나바이러스19 확진자가 쏟아졌다. 내가 숙소로 사용하고 있던 아파트 호스트가 돈을 받지 않을 테니 잠잠해질 때까지 머물러도 된다고 했다. 괜스레 의기소침해진 나는 귀국 날짜를 4일 앞당겼다.

　2021년 2월 28일 오후 5시 20분 아시아나 항공편으로 3월 1일 오전 8시 50분에 인천 공항에 도착했다. 수화물을 찾고 있을 때 지인이 전화를 해 왔다.

　"네가 예정보다 일찍 귀국한 것은 신의 한 수였어."

　그때는 그게 무슨 말인지 몰랐다. 집으로 가는 리무진 버스 안에서 기사를 검색했을 때에야 알았다. 3월 1일부터 튀르키예 정부가 일방적으로 한국으로 가는 하늘길을 막아 버렸다는 것을.

텔아비브 해안가

이스라엘

수면 위로 물드는 빛이 금빛이라고 해서
이곳 '만(灣)'을 골든혼이라고 했던가.
멀리서 보면 수려하지만 가까이에서 보면 삶의 주름이
보이기 마련인데 튀르키예는 원경도 근경도 아름다웠다.

튀르키예

(14)

지금의 튀르키예를 이해하려면 꼭 알아야 하는 인물
각종 개혁 정치 이룬 튀르키예인의 아버지,
아타튀르크

    튀르키예가 한국을 잇는 하늘길을 막았던 2021년 3월 1일, 나는 인천공항에 무사히 도착했다. 귀국한 2주 뒤 이스탄불에서 묵었던 아파트 호스트가 연락해 왔다. 내 안부를 묻고 나서 에르도안^{현재 대통령 이름}이 모든 바와 클럽을 강제로 문을 닫게 해서 그가 실직자가 되었다며 불만을 토로했다.
    그는 미술 사학을 전공했고 이스탄불의 교통, 상업, 관광의 중심지인 탁심광장 근처 바에서 바텐더로 근무했다. 종교 색채가 강한 그곳에서 '자유'를 추구했던 그는 무교였다.
    나는 '튀르키예'와 '코로나'를 키워드로 재빨리 검색했다. 그곳을 떠날 때만 해도 확진자가 한 명도 없었다. 귀국 일주일 전 한국은 대규모 종교 집단을 중심으로 기하급수적으로 늘어나고 있었다. 이미 중국인을 입국 금지시킨 이국땅에서 동양인이라는 이유만으로 주눅 든 나는 외출을 자제해야 했다. 하지만 불과 2주 만에 상황이 뒤바뀌었다.
    나는 궁금했다. 청정지역을 감염시킨 첫 튀르키예 확진자가 어느 나라 사람인지. 다행하게도 동양인은 아니었다. 유럽 여행을 다녀온 자국민이었다.

"그런데 네가 실직당한 것은 안 된 일이지만 에르도안 정책에는 찬성. 너희 나라는 이제 시작일 뿐이야."

"네 말이 맞긴 한데, 클럽과 바만 금지시키면 뭣하니? 모스크는 금요일마다 사람들이 바글거리는데?"

그의 말이 맞았다. 튀르키예는 무섭게 확진자가 늘고 있었다. 그와 통화할 즈음, 감염자 16만 명에 사망자는 5천 명에 이르고 있었다. 한때 이스탄불은 외출금지령이 내려지기도 했다.

우리나라는 선거를 무사히 치렀고 K방역은 세계인의 찬사를 받으며 코로나바이러스19를 대처하는 모범국으로 부상했다. 수준 높은 국민의식과 실천뿐만 아니라 훌륭한 리더 및 살신성인하는 의료종사자들 덕분이기도 했다. 가끔 그가 연락을 해 오지만 나는 이러한 것들을 자랑하지는 않았다. 자연스럽게 알기를 바랄 뿐이었다.

종교 지도자였던 에르도안(Recep Tayyip Erdogan)

"아니야, 그들은 새 머리야. 새 머리."

튀르키예를 여행하면서 만나는 사람들과 정치와 종교에 대해 주로 이야기를 했다. 선박 엔지니어인 M은 아랍인들과 현재 대통령을 '새 머리'라고 단정했다. 이유는 단순했다. 종교에 '너무 심취'해서 시대를 거스른다는 거였다.

튀르키예인은 무슬림이지만 아랍 민족이 아니다. 돌궐에 그 뿌리를 두지만 혼혈 정책을 장려했던 제국 덕에 인종학상으로는 백인이다. 내가 만난 사람들 대부분 에르도안을 비난했고 2년 뒤 총선에서 패배할 거라고 했다.

나는 여기에서 정치적인 이야기를 할 생각은 추호도 없다. 다만 이 이야기를 꺼낸 것은 그들의 국부, 초대 대통령이었던 케말 아타튀르크를 언급하지 않고는 지금의 튀르키예를 말할 수 없기 때문이다. 지금의 대통령 에르도안은 아타튀르크와 비교대상이 되어 끊임없는 비난을 받고 있기도 하다_{특히 젊은 층에서}.

M이 비유했던 대로 지나치게 종교에 심취해 시대를 거스르는 정치를 하고 있는, 현대의 술탄이 되고자 하는 에르도안. 그는 아타튀르크 흔적을 지우려고 부단히 애를 쓴다. 그만큼 그는 죽었으면서도 살아 있는 존재이기 때문이다.

튀르키예 국부 아타튀르크: 아타튀르크 초상화는 어디서든 볼 수 있다.

'아타'는 튀르키예 언어로 '아버지'라는 뜻이다. '튀르크'는 그들의 종족인 '투르크 족'을 말한다. '아타튀르크_{Atatürk}'는 '튀르키예인의 아버지' 즉 '국부'가 된다. 국부가 된 그의 이름은 '무스타파 케말_{Mustafa Kemal, 1881년 3월 12일~1938년 11월 10일}'이다.

육군 장교였던 그는 오스만 제국이 멸망하자 초대 대통령이 되었다. 대통령이 되고 나서 제일 먼저 한 일은 계급 제도 폐지였다. 계급 사회에서는 귀족들만의 특권인 '성'을 일반 서민들은 가질 수가 없었다. 하지만 그는 모든 국민에게 패밀리 네임을 주는 운동을 하였다. 그때 국민의회가 무스타파 케말에게 경의를 표하며 아타튀르크라는 이름을 선사했다.

아타튀르크는 각종 개혁 정치를 크게 세 가지로 나누어 진행했다.

첫째는 이슬람 세속주의 정책이다.

그는 제국이 패망한 이유를 '너무 심취한 종교'에서 찾았다. 정치와 종교를 완전히 분리하기 위해 노력했다. 칼리프 직위를 폐지하고 술탄을 국외로 추방했다. 여성들 머리에서 히잡 착용을 법률로 금지했다.

라마단 기간 중 빠른 퇴근을 없애는 것은 물론 금요일 휴일을 일요일로 바꾸었다. 라마단 등 이슬람교에 관한 것은 추후에 자세하게 다룰 것이다. 튀르키예 국민 98.4%가 수니파 이슬람교도이지만 나라의 법이 종교를 존중해 주는 것이 아니라 되레 박해할 정도로 모든 제도에서 종교를 빼 버렸다.

둘째는 국민 교육이다.

계급 사회인 당시 평민은 교육을 받을 수가 없었다. 전 국민 10%만 글자를 알았을 뿐만 아니라 술탄제가 폐지되었어도 사람들은 아타튀르크를 대통령이 아니라 술탄으로 인식했다. 민주주의 자체를 몰랐기 때문이다. 아타튀르크는 국민에게 절실한 것은 교육이라고 생각했다. 어려운 아랍어 대신 배우기 쉬운 알파벳을 변형한 튀르키예 문자를 1929년에 만들었다. 모든 학교에 보급하는 것은 물론 전 국민에게 의무 교육까지 실시했다.

셋째는 여성들 인권 신장 기여이다.

의무 교육은 여성에게도 해당됐다. 국민 절반이 여성인데, 그녀들이 집안에만 있는 것을 안타깝게 생각했다. 여성들에게 학교는 물론 군대 문까지 열어 주었다. 세계 최초 여성 공군 학교를 설립하여 '세계 최초 여성 파일럿'을 탄생시켰다.

1900년대 100년을 빛낸 파일럿 중에 유일한 여성 파일럿이 튀르키예 출신 사비하 괵첸Sabiha Gökçen, 1913~2001이었다. 그녀의 이름은 공항 이름Sabiha Gokchen Airport: Sabiha Gökçen International Airport으로 남아 튀르키예인의 자부심을 대변한다. 현재 이슬람 국가 중에서 여성의 사회 진출이 가장 많은 나라가 튀르키예이다.

그는 이렇게 현대 튀르키예의 시초를 마련했지만 반발도 만만치 않았다. 몇백 년 동안 피부처럼 둘렀던 히잡을 여성들 머리에서 벗겨 낸다는 것은 조선말 단발령 시행만큼이나 폭력적인 것이었다. 학교를 다녀야 했던 여성들은 히잡을 두른 뒤 다시 가발을 쓰고 등교를 했다. 군대도 마찬가지였다. 아타튀르크는 종교와 인습에 갇힌 여성들을 양딸로 삼아 적극적으로 교육시키면서 전문인으로 성장시켰다. 머리카락을 다 드러낸 전문 여성을 언론 등에 노출시키며 사회 진출을 독려했다. 그는 의아할 정도로 전통을 억눌렀다. 여자뿐만 아니라 남자들 전통복도 벗겨 냈다. 그는 흔들리지 않았고 성공시켰다. 평범한 사람은 절대 할 수 없는 일이었다. 절대적 지지를 받는 그만이 할 수 있었다.

왜 그는 그렇게 오랫동안 유지됐던 종교적 인습 등을 뒤집어엎는 데도 절대적 지지를 받았을까. 왜 그는 전통을 특히나 종교를 그렇게나 억눌러야 했을까. 아타튀르크와 튀르키예는 개인적으로든 시대적으로든 아픔을 겪어야 했다. 그 아픔이 개혁의 원동력이 되었던 것이다.

탁심광장 중앙에 있는 1928년에 세워진 튀르키예 공화국 수립 기념비

15

군사 쿠데타마저 실패로…
'튀르키예'의 시간은 거꾸로 간다
시대를 역행하는 21세기 술탄, 에르도안

아타튀르크와 다른 정책들

　현대 튀르키예를 말할 때 아타튀르크 대척점에 있는 현재 대통령 에르도안Recep Tayyip Erdogan, 1954~현재을 말하지 않을 수가 없다. 에르도안을 그 나라에서 함부로 말해서는 안 된다. 구속될 수도 있다. 이 글은 여행하면서 만났던 사람들과의 이야기를 종합해서 이방인인 내가 정리한 글이다.

　에르도안은 21세기 술탄이라는 별명을 가졌다. 1954년생. 이스탄불 빈민가 출신. 신학 전공. 이슬람교 이맘Imam이었다. 종교인에서 정치인이 되었다. 정치 초기에는 인기가 좋았다. 초인플레이션 국가였던 튀르키예를 화폐 개혁을 단행함으로 암흑계의 돈을 무용지물로 만드는 등 근대화에 기여했다. 이스탄불 시장을 시작으로 총리를 10년 동안 했다. 의원 내각제에서 더 이상 총리를 할 수 없다는 것을 알자 대통령제로 바꾸고는 16년째 튀르키예 수장 자리를 지키고 있다.

　튀르키예의 초대 대통령 아타튀르크는 서방 지향 정치를 했다. 북대서양 조약기구 나토NATO에 가입하면서부터 군사 정보 교류도 미국과 협력했다. 대표적으로 한국 전쟁 때 세계적인 규모의 군대를 파병했다. 한국 전쟁 참전 희생자 수도 세 손가락에 들 정도로 많다여행하면서 현지인을 만나 이야기하다 보면 친척 중 누구누구가 한국 전쟁에서 전사했다는 말을 들었다. 그때마다 미안했다. 에르도안은 정반대 정책을 펼쳤다. 아랍과 러시아와의 친분을 과시하며 점점 세속화에서 종교화로 변신하고 있다. 그 몇 가지 실례가 있다.

첫째, 히잡 착용 금지를 해제시켰다.

에르도안이 히잡 착용 금지를 해제한 다음 날 탁심광장 근처에서 여성 경찰이 히잡 위에 경찰모를 쓰고 근무하는 모습이 대서특필되었다. 아타튀르크는 히잡 쓴 여성을 언론에 노출시키지 않았다. 여성들을 종교와 인습에서 해방시켜 전문적인 직업을 가질 수 있도록 독려하는 차원에서였다.

현재 영부인 에미네 에르도안1955~현재은 히잡을 벗어 본 적이 없는 사람여성이었다. 튀르키예에서는 에르도안 집권 시기에 맞춰 태어난 지금의 10대가 된 학생들이 주로 히잡을 많이 쓰고 다닌다. 거리에서 보더라도 30~40대 여성들은 착용하지 않는다.

둘째는 탁심광장에 2년 전부터 사원을 짓기 시작했다는 것이다.

탁심광장은 아타튀르크 동상이 있는 튀르키예의 근대화를 상징하는 장소이다. 유명한 비즈니스호텔뿐만 아니라 주요 관광지, 레스토랑, 상점 등이 몰려 있다. 경제의 중심지이다. 만약 모스크가 완성되면 하루에 다섯 번 첨탑에서 기도하라는 아잔 소리가 울려 퍼질 것이다. 인근 상점은 모든 음악을 꺼야 한다. 술도 마시면 안 된다. 바와 클럽은 자연스럽게 영업을 접어야 한다.

종교의 자유가 있는 나라에서 국가를 종교화하는 것을 나쁘다고만

할 수는 없다. 그러나 점점 사회가 보수화 종교화 되면서 경제가 타격을 받는 것은 물론 사람들을 정치와 멀어지게 한다는 것이다. 즉, 우민화 정책을 편다는 데에 문제가 있다.

우리에게는 '알라'가 있다.

2018년 리라 환율이 폭락한 적이 있었다. 하루 만에 반토막 나더니 그 뒤로도 쭉쭉 추락했다. 50원까지 떨어지자 온 국민은 IMF 외환위기가 올지도 모른다고 불안해했다. 그때 에르도안이 이렇게 연설을 했다.

"저들에게 '달러'가 있다면 우리에게는 '알라'가 있다."

내가 이스탄불에서 머물렀던 아파트 호스트는 에르도안 연설 중 위 대목에서 분노를 감추지 못했다.

"도대체 21세기 대통령이 할 수 있는 말이니? 요즘 시대에 종교에 매달려서 나올 것이 뭐가 있냐고?"

튀르키예는 160조 원 규모의 카타르 경제 지원을 받아 가까스로 환율이 200원까지 올라서 지금까지 버티고 있다. 하지만 아직까지 미국과는 관세 전쟁을 한다.

튀르키예에서 애플사의 스마트폰을 사려면 150~200만 원 정도는 주어야 한다. 외국에서 산 것을 사용 허가를 받으려고 해도 세금 폭탄을 맞아야 한다. 2020년부터 휴대폰에 구글 탑재를 금지시켰다. 네덜란드와도 사이가 좋지 않다. 한국에서 부킹닷컴으로 예약한 숙소를 현지에서 연장하려고 한 적이 있었다. 호텔 매니저가 튀르키예에서는 아예 사이트에 접속하지 못하게 만들어 놓았다고 했다. 관광 수입이 꽤 큰 비중을 차지하는 나라인데도 말이다. 에르도안은 아타튀르크가 구축해 놓은 근대화에 반하여 다시 과거로 회귀하고 있었다.

튀르키예에서 군사 쿠데타란?

우리나라와는 달리 튀르키예 국민들은 군인들을 존경한다. 아타튀르크의 후예이기 때문이다. 아타튀르크는 생전에 군인들에게 이렇게 말했다.

"내가 살아 있으면 나를 사랑하니까 내 정책에 잘 따라 현대적으로 발전하겠지만 내가 죽고 나면 분명히 누군가가 왕정복고를 하려고 할 것이다. 이슬람 사회로 다시 돌리려고 할 것이다. 군인들아, 만일 튀르키예의 정치인들이 다시 나라를 종교화하려고 하면 너희들이 쿠데타를 일으켜서 그 사람을 가두고 너희들의 자리로 돌아가라."

아파트 근처 담벼락에 걸려 있는 아타튀르크 그림

실제 왕정복고와 종교화를 시도하는 몇몇 수장을 감금한 적도 있었다. 군인들은 국민을 상대로 싸우는 것이 아니라 정치인들과만 싸웠다.

4년 전에도 군사 쿠데타가 있었다. 하지만 에르도안을 상대로 한 쿠데타는 실패로 돌아갔다. 실패 후 에르도안은 계엄령을 선포했다. 계엄령 선포 이래 지금까지 자신을 반대했던 모든 사람을 가두었다. 만 명이 넘는 공무원이 직위 해제되고 정치 수용소는 정치범들로 차고 넘쳤다. 경제인들까지 모조리 잡았다. 그야말로 에르도안의 천국으로 만들었다.

　에르도안이 계엄령을 선포하고 자신의 독재를 구축하기 위해서 일부러 쿠데타를 일으켜서 실패하게 만들었다는, 일종의 쇼였다고 말하는 사람이 많다. 하지만 현재 권력을 잡고 있는 사람이라 공식적으로 조사를 해서 나온 결과가 아니다. 10년이나 20년, 그가 죽고 나면 밝혀질 거라고들 언론들까지 입을 모은다.

　의심할 여지 없는 독재 정치를 하고 있다. 양심 있는 많은 정치인들이 등을 돌렸다. 부정부패 또한 심각하다. 주요 보직에 친인척들이 앉아 있다. 어떤 이는 에르도안이 대통령직을 때려치우고 싶어도 총살당할까 봐 내려오지 못한다고 말할 정도다. 당연히 지지율이 떨어지기 마련이다.

　그래서인지 2019년 치러야 할 대선을 2018년으로 앞당겼다. "내가 한 번 더 대통령에 당선되면 계엄령을 풀어 주겠다."라고 말했다. 계엄령 아래 치른 대선에서 52% 지지율로 당선되었다. 2019년 지방선거에서는 튀르키예 5개 대도시를 야권에 다 뺏겼다.

　조금이라도 이성적으로 사고하고 세계가 돌아가는 것을 아는 사람들은 에르도안을 지지하지 않는다. 하지만 계엄령 때 알차게 자신이 독재할 수 있는 기반을 다져 놓아 당분간은 집권하는 데에는 문제가 없을 거라는 것이 일반적인 평가이다.

　아타튀르크 영광 위에 21세기 술탄이라고 불리는 에르도안이 집권하고 있는 튀르키예의 관문인 이스탄불 공항에 나는 2020년 1월 27일 16시에 드디어 발을 디뎠다.

이스탄불 애미뇌뉘 선착장 풍경

시장에서 생선을 파는 사람

튀르키예에서 겨울 과일로 유명한 오렌지와 석류

시장

갈라타 다리에서 본 갈라타 타워

갈라타 다리에서 낚시하는 사람들

16

튀르키예의 종교
이슬람교

이슬람교 창시자 무함마드(Muhammad)

종교는 어떤 사람이나 나라를 이해하는 데에 있어 매우 중요하게 작용하는 핵심적 요소 중 하나이다. 전 세계 77억 80억 인구 중 이슬람교 신자가 18억 명이나 된다 가장 큰 종교 규모는 천주교, 개신교, 동방정교회, 성공회 등을 포함한 기독교이다.

이슬람권에서 가장 보수적인 나라는 사우디아라비아이다. 지금으로부터 1,400년 전에 만들어진 종교서 샤리아: Sharia가 유일무이하게 국가법으로 남아 있어서다. 18억 무슬림들 또한 현실에서 샤리아의 지배를 직접적으로 받고 있지 않더라도 간접적으로나마 정신적 영향을 받고 있다. 이 모든 것을 창시한, 이슬람교를 이해할 때 가장 중요한 사람은 무함마드 570~632이다.

중세 이슬람 최고 역사가로 꼽히는 이븐 할둔 Ibn Khaldun, 1332~1406은 그의 대표작 《역사서설》에서 무함마드를 "우리 주인이자 보호자이고 아랍 민족의 예언자이며 토라와 복음서에서 언급되어 있는 아랍 민족의 주인이시다."라고 정의한다. 토라 Torah는 유대교 율법서를 말하나 좁게는 창세기, 출애굽기, 레위기, 민수기, 신명기로 구성되어 있는 구약

성서 중 모세오경을 가리킨다. 복음서는 지금의 신약성서이다. 신약 4대 복음서에는 마태·마가·누가·요한복음이 있다.

유대교뿐만 아니라 기독교를 인정하면서 출발한 이슬람교가 태동할 당시 아라비아 반도는 부족사회였다. 최초로 통일한 사람이 무함마드이다. 그는 세속적인 왕이면서 최고의 종교 지도자가 되었다. 이들에게 아랍인이라는 정체성까지 부여했던 인물이었다.

무함마드의 생애

무함마드는 570년 사우디아라비아 메카에서 유복자로 태어났다. 여섯 살 때 어머니가 죽자 할아버지 집으로 가나 조부도 곧 세상을 떠났다. 숙부 밑에서 성장하면서 청년이 된 그는 거대한 상단에 말단 직원으로 입단했다. 상단 주인은 30대 과부 카디자였다. 그녀는 자신의 재산을 지켜 줄 영리한 남자와 재혼하기를 원했다. 마침 그녀의 눈에 무함마드가 들어왔다. 그녀는 열다섯 살 어린 그에게 청혼했다.

물질적인 풍요를 얻은 무함마드는 자주 명상을 했다. 동굴에서 명상을 하던 어느 날, 갑자기 몸에 압박이 오더니 머릿속에서는 울려 퍼지는 "읊어라!"라는 말을 들었다. 두려움을 느낀 그는 카디자에게 말했다. 카디자는 "너무 걱정하지 마세요. 그게 당신이 기다리시던 신의 음성이 아닐까요?"라고 그를 안심시켰다. 그때부터 무함마드는 신의 계시를 받았다고 말한다.

이슬람교에서 신을 '알라'라고 한다. 아랍어로 일반적인 신을 가리킬 때 사용하는 '신God'이라는 뜻이다. 만신 사상이 성행했을 때도 각 종단 신은 알라였다. 특별하게 없는 어휘를 만들어 낸 것이 아니다. 기독교

축구에 열광하는 튀르키예인들(탁심광장)

와 유대교에서 언급되는 '야훼'처럼 세상과 인간을 창조하고 기도하는 자에게 응답해 주며 믿는 자에게 복을 내리면서 믿지 않는 자에게 벌을 주는 인격신이다. 천국과 지옥 형벌에 대해서도 말한다.

신의 계시를 받은 무함마드는 몇 가지 율법을 내세웠다. 철저한 우상숭배, 고리대금, 술, 마약 등을 금지시켰다. 당시 메카는 상공업 중심지였다. 먼 길을 떠나기 전에 무사하기를 빌던 유명한 만신전이 있어서 다양한 종족들이 왕래했다. 공식적인 규율이나 도덕규범 같은 것은 없었다. 그래서 무함마드가 제시한 율법은 혁신적이고 개혁적이어서 전통에 대한 도전으로 사람들은 받아들였다. 무함마드는 쫓겨나야 했다.

그는 메카에서 400km 떨어진 메디나에서 세력을 키운 뒤에야 메카를 정복할 수 있었다. 정복에 성공했을 때 그가 제일 먼저 한 일은 만신전에 있는 신상과 우상을 모조리 쓸어버린 거였다. 그러고는 외쳤다.

"알라후 아크바르신은 위대하다!"

메카를 이슬람교 성지로 선포하기에 이르렀다.

투르크족의 역사 그리고 현재

현재 튀르키예 인구 98.4%는 무슬림수니파이다. 하지만 아랍인이 아니다.

튀르키예의 역사는 '돌궐'에서부터 시작한다돌궐은 스스로를 흉노의 후손이라고 칭하나 문자로 남아 있지 않아 분명한 증거는 없다. 중국에서 서기AD 6세기 이전에는 흉노匈奴라고 했고, 수·당 때는 돌궐突厥이라고 했다.

이들은 싸움을 잘했다. 중국인들에게 '천고마비天高馬肥'는 하늘이 높고 말이 살찌면 흉악한 유목민흉노족이 약탈하러 올 거라는 '공포의 말'이었다. 진시황제는 만리장성까지 쌓아 방어했다. 흉노족은 스스로를 투르크튀르크족이라고 했다.Turk를 변형한 나라 이름이 Turkey이다. 옛 중국어 발음인 '투르쿠어'에서 '돌궐'이라는 단어가 나왔다. 투르크어로 투르크는 '강하다'라는 뜻이다.

8세기에 돌궐이 망하자 동돌궐은 중국에 동화되고 서돌궐은 좀 더 좋은 땅을 찾기 위해 서쪽으로 이동한다. 아라비아 반도를 지나지만 문화와 종교이슬람교를 받아들인 제국은 페르시아이다. 페르시아 문명을 받아들인 투르크족은 오늘날 튀르키예 땅인 아나톨리아 반도에 정착한다. 동쪽 끝에 있는 '반'이라는 호수 주변에 터를 잡아 셀주크 투르크 제국을 탄생시킨다. 점점 영토를 넓히지만 세계적인 싸움꾼과 맞닥뜨린다. 칭기즈칸1167~1227이다.

칭기즈칸에 망한 셀주크 투르크는 1229년 오스만 제국이 바통을 잇는다. 오스만 투르크 제국은 이스탄불 바로 아래 도시인 부르사에서 흩어져 있던 부족을 모은다. 150년이 흐를 즈음 천 년의 역사를 가진 콘스탄티노플현재 이스탄불을 정복한다. 동쪽으로는 오스트리아 빈 인근까지, 이집트 포함 북아프리카 전체 튀니지까지, 동쪽으로는 예루살렘과 사우디아라비아의 메카까지 손아귀에 넣는다. 중세 시대에 가장 첨예하게 대립했던 기독교와 이슬람교 성지를 한 제국이 다 차지한 셈이다.

대제국이 된 오스만 제국은 폭넓은 관용 정책으로 다양한 종교와 소수민족을 포용한다. 술탄과 재상을 제외한 고위직에 기독교인을 다수 채용한다.1800년대 조사에 의하면 오스만 전체 인구 30%가 기독교인이었다. 술탄은 타민족 여인과 결혼하는 등 다양한 혼혈 정책을 오랫동안 이어 간다.

620년을 이어 오던 오스만은 전형적인 제국의 말로를 걷다가 제1차 세계 대전 때 치명적인 실수를 한다. 전쟁에서 졌을 경우 이스탄불을 제외한 모든 영토를 포기하겠다는 세브르 조약Treaty of Sèvres, 1920년 8월

10일에 서명한 것이다. 1923년 오스만 제국이 멸망하지만 아타튀르크의 맹활약으로 튀르키예 공화국으로 재탄생한다.

지금의 튀르키예 땅에서 투르크족은 천 년 동안 살아왔다. 한 번도 역사적으로 아랍과 섞인 적이 없었다. 종교만 이슬람교일 뿐이다. 대부분 내가 만난 튀르키예인들은 아랍 사람들을 종교에 너무 심취해 있고 돈만 많으며 무례하고 시끄럽다고 말했다. 왕정과 근세 정책을 계속 유지하려는 이들을 살짝 무시하기도 했다. 튀르키예 초대 대통령 아타튀르크의 영향이기도 했다. 하지만 튀르키예 공화국 탄생 100주년을 3년 남겨 두고 있는 현재, 에르도안은 세계가 경악할 만한 성명2020년 7월 10일을 발표하고 말았다. 아야 소피아 박물관을 모스크로 전환한다는 것이다. 같은 달인 24일에는 아야 소피아를 모스크로 개장해서 대대적인 종교의식까지 치렀다.

아타튀르크가 1934년 아야 소피아를 박물관으로 전환한 의도는 비잔티움 예술의 가치를 보존하고자 하는 목적도 있었지만 본질적으로는 정치와 종교를 철저하게 분리하고자 하는 세속주의의 정착이었다. 세속주의로 표현되는 철저한 정치와 종교 분리는 선진국으로 가는 지름길이라고 초대 대통령은 생각했다. 다시 모스크로 전환하는 것은 지난 지방선거에서의 패배와 지지율 하락에 고민하고 있는 현 대통령 에르도안의 정략적 목적이라고 말하기도 했다.

어떻게 보면 이슬람교 창시자 무함마드도 세속적인 왕이면서도 최고의 종교 지도자였다. 출발부터가 정치와 종교를 분리할 수 없는 이슬람교였다. 이는 기독교와 달리 세월이 갈수록 현재의 이슬람권 나라가 세계 추세와 달리 정체되는, 불행의 씨앗일 수도 있다. 전체에게는 불행의 씨앗이지만 한 개인에게는 이득일 수 있는 이것을 에르도안은 '자신만의 정치'에 잘 활용하고 있는 것일 수도 있다.

사진은 Museum of Turkish and Islamic Arts에 전시된 오스만 제국 시대 코란이다. 철저하게 우상 숭배를 금지했던 종교라 사람과 동물 형상물과 그림을 그리지 못하게 했다. 대신 기하학적 무늬와 캘리그라피가 발전했다. 일일이 수작업 한 책들은 섬세하고 아름답다.

17

목욕탕을 리모델링한 예술 극장,
여기서 추는 특별한 춤
'나'를 비워 신과 가까워지려는 몸짓,
드레비시 세마 댄스

    이스탄불에는 오래된 건물보다 더 아름다운 일출과 일몰이 있다. 고궁을 배경으로 붉게 물들어 가는 햇무리. 7개의 구릉에 계단식으로 세워진 건물들. 수평선 너머 도시에서 새어 나오는 불빛들과 사원들.
    이스탄불은 유럽 지구와 아시아 지구로 나뉜다. 유럽 지구는 골든 혼과 보스포루스 해협을 사이에 두고 新지구와 舊지구가 마주한다. 아시아 지구와 유럽 지구는 보스포루스 해협이 가로지른다. 이스탄불은 골든혼, 보스포루스 해협, 마르마라 해를 가운데 두거나 옆에 끼고 있다. 이곳 항구에서는 튀르키예 수출입 품목 대부분을 취급한다. 보스포루스 다리는 1,073m로 세계에서 긴 고속 현수교에 속한다.
    블루 모스크로 가기 위해서는 아파트에서 600m 떨어진 핀데킬로Findikli 트램 정거장에서 출발하여 술탄아흐멧 트램 역에서 내려야 한다. 여섯 정거장이며 16분 걸린다. 이스탄불에 머무르는 동안 이른 아침 블루모스크와 아야 소피아 박물관을 나는 자주 보러 갔다.
    은은한 조명이 감싸고 있는 새벽녘 건물은 영혼이 깃든 듯했다. 조명이 꺼지는 오후 7시에 트램을 다시 타고 아파트로 돌아왔다. 어느 날은 블루모스크에서 돌아오는 길, 바닷가로 나가 봤다. 정거장에서 30초만 걸으면 된다. 도착하고 나서야 진즉 올 걸 후회했다.

보스포루스 해협이 바로 발아래에서 출렁거렸다. 비릿한 바다 내음도 없었다. 연속해서 밀려오는 파도. 그 소리. 떼 지어 날거나 앉아 있는 비둘기들. 비둘기에게 먹이를 주는 현지인들. 해협을 가로지르는 페리. 그곳은 노천 식당이었다.

노천 테이블에서 8리라 튀르키예 커피와 15리라 저민 빵을 주문했다. 5분이나 흘렀을까. 손을 뻗으면 닿을 듯한 수평선에서 붉은 해가 올라오기 시작했다. 나는 커피를 마시다 말고 아침 해가 떠오르기 시작한 8시 25분부터 완전히 수평선 위로 올라왔을 때인 8시 32분까지 벅차오르는 가슴을 눌러야 했다.

이곳저곳을 돌아다니면서 이스탄불에서의 열흘을 보내고 나서야 한국에서 예약하고 온 드레비시 세마 댄스 공연을 보러 갔다. 한 시간 공연이었을 뿐인데 내가 튀르키예에 온 이유가 '이곳'에 앉아 있기 위해서인 듯 60분이 열흘 동안의 시간과 견줄 수 있을 만큼 감동적이었다.

드레비시 세마 댄스를 추는 세마젠들.
일반적으로 나이 든 스승(메블라나)과 세마젠 다섯 명으로 구성되어 있다
(이스탄불에 있는 메블라나 박물관).

한국에서 예약한 드레비시 세마 댄스

이곳 현지인들은 세마Sema 댄스라고 하면 잘 알아듣지 못한다. '데비쉬드레비시, Whirling Dervishes'라고 해야 한다. 일반적으로 세마는 '우주와 일체를 이루는 명상 춤'을 말한다. 우주와 일체를 이루고자 하는 다양한 명상 댄스는 세계에 여럿 존재한다. 그래서 튀르키예 중남부에 있는 코니아Konya에서 시작된 세마 댄스의 정확한 명칭은 드레비시 세마 댄스라고 해야 한다.

이 춤의 창시자는 이슬람 신비주의 교파 수피즘의 선각자인 메블라나 잘랄레딘 루미Mevlana Celaleddin Rumi, 1207~1273이다. 그를 따르는 수도승들을 드레비시라고 불렀다. 튀르키예어 발음으로는 '데비쉬'이다. 드레비시 세마 댄스를 추는 사람을 '세마젠'이라고 한다. 세마젠들은 외부의 억압에도 불구하고 800년 동안 이 춤을 보존해 왔다. 이 춤의 역사를 알기 위해서는 13세기 중엽 셀주크 투르크 제국으로까지 거슬러 올라가야 한다.

그 당시 셀주크 투르크 제국은 십자군 전쟁과 몽골 침략으로 혼란스러웠다. 혼란한 시국에 수많은 사상과 철학이 난무했다. 이슬람 내부의 분파적 모습과 현학적인 논쟁에 염증을 느낀, 뜻있는 무슬림들은 아예 현실을 회피하고 수행에 전념하기로 한다.

이들은 '적게 먹고 적게 마시며 검소한 옷차림으로' 기존의 권위와 형식에 저항한다. 13세기 아시시의 프란치스코Francis of Assisi의 모습을 연상시키는 이들을 '수피Sufi'라고 부른다'수피'라는 이름은 유럽에서 왔다. 이들은 명상과 기도를 통해 이슬람의 가르침에 다가가려고 했던 명상가들이었다. 대표적 인물로는 잘랄레딘 루미가 있다.

신과 가까워지려는 몸짓의 창시자, 잘랄레딘 루미

잘랄레딘 루미는 1206년 아프가니스탄의 발흐Balkh에서 태어났다. 몽골 침략을 피해 가족을 따라 튀르키예 코니아로 왔고 그곳에서 수피즘을 꽃피웠으며 1273년 같은 곳에서 죽었다. 참고로 코란은 오해와 왜곡을 막기 위해 다른 외국어로 번역되는 것을 지금도 금지하고 있다. 그 당시 아랍어로 된 코란을 읽는 사람은 엘리트 지배 계층뿐이었다. 소수를 위한 신앙이 된 셈이다. 잘랄레딘 루미는 문맹이 대부분인 민중을 위해 코란을 읽지 않아도 신과 가까워지는 방법에 대해 고민한다. 마침내 회전을 하면서 추는 수련법을 고안한다. 춤을 추면서 자신을 비우고 정화하여 신을 모시는 종교적 수행에 민중들은 환호했다.

그렇게 해서 그는 위대한 스승이 된다. 위대한 스승을 '메블라나Mevlana'라고 한다. 잘랄레딘 루미 앞에 메블라나가 붙는 이유이다. 그래서 세마를 메블라나 댄스라고도 부른다. 메블라나는 현재에도 쓰인다. 드레비시 댄스를 이끄는 노스승을 메블라나라고 한다. 메블라나만 쓰는 원통형 모자로 구별할 수 있다. 학자이며 시인이기도 했던 루미는 죽을 때까지 인간, 우주, 존재, 사랑 등을 주제로 한 많은 시를 남겼다.

현재 이슬람교에서는 메블라나 종파를 이단으로 간주하고 있다. 하지만 모든 사람은 다 형제이며 신으로부터 받은 인간의 영혼은 영원하므로, 이 세상에 사는 사람들은 사랑 가운데에서 살아야 한다고 강조하는 그의 시는 지금도 많이 읽히고 인용된다.

드레비시 세마 댄스를 출 때 음악은 토착 리듬에 코란뿐만 아니라 "우리가 죽을 때 이 땅에서 무덤을 찾지 말고 인간의 마음에서 찾자."

라는 사색적인 구절이 많은 루미의 시편도 암송된다. 이런 음악을 '아인Ayin'이라고 한다.

드레비시 세마 댄스는 춤이면서 춤이 아니다. 고도의 종교의식이다. 한없이 자신의 몸을 회전시키면서 욕망 덩어리인 '나'를 비워 신과 가까워지려는 몸짓이다. 그래서 사진 찍는 것도 박수도 잡담도 허락하지 않는다. 나는 이런 이유에서 이 의식이 꼭 보고 싶었다. 모든 종교는 경지에 오르면 서로 통한다고 믿고 있다. 비우고 비워 그곳에 차는 것은 '무'가 아니라 '사랑'이어야 한다. 신 자체가 사랑이어야 하기 때문이다.

550년 된 호자파사Hodjapasha라는 오스만 제국 하맘Hammam, 목욕탕을 리모델링해서 예술극장으로 복원한 공연장에서 당신의 명상으로 나를 명상시키면서 나를 기꺼이 비워 갔다.

80명 정도 들어갈 수 있는 공연장 내부는 옛날 목욕탕 그대로 높은 돔 형태 천장이었다. 둥그런 천장에 빛줄기가 지나간 것 같은 그 순간에 고통스러운 몸짓을 덜어 내고 비로소 평화로운 기운을 휘장처럼 두른 세마젠의 춤사위에서 내 자아는 경건해졌다.

같은 공연을 2주 후에 또 예약했다. 귀국하기 전까지 총 세 번을 봤다. 드레비시 댄스 본고장인 코니아까지 가게 된 것은 당연한 수순이었다.

작은 원형 무대와 높은 천장

세마젠은 흰색 긴치마 위에
'에고(ego)의 죽음'을 뜻하는 흰색 저고리를
입는다. 무덤을 상징하는 검은 망토.
원통형 모자는 묘비를 상징한다.

드레비시 세마 댄스는
피리인 네이(Ney)를 불면서 시작한다.
이 소리는 신에 대한 그리움을 나타낸다.

18

'국부'라는 칭호를 받자마자 이혼한 지도자
관용의 상징, 메블라나 잘랄레딘 루미

　드레비시 세마 댄스 본고장인 코니아Konya에 메블라나 세마 댄스 창시자인 루미가 터를 잡은 것은 셀주크 투르크 왕조Seljuq Empire, 1038~1307 시대였다.

　루미는 열두 살 때1218 가족과 함께 지금의 아프가니스탄인 발흐를 떠나 4,000km에 달하는 대장정에 오른다. 몽골 침입1215~1220을 피해서다. 실크로드를 따라 바그다드, 다마스쿠스, 메카 등지를 거쳐 셀주크 투르크 왕조 수도인 코니아에 정착한다. 실크로드 서쪽 끝에 있던 당시 코니아는 여러 문화와 종교가 만나는 곳이었다.

　이슬람교 지도자인 아버지의 영향으로 그는 일찍이 신학, 철학, 천문학, 법학에 통달한 학자가 되었다. 서른 넘어 시를 썼지만 천재성을 유감없이 발휘했다. 그를 추종하는 사람이 늘어 갔다. 그는 혼란한 시기에 코란을 읽으면서코란은 아랍어라 특권층만 읽을 수 있었다 명상만을 강요하는 종교에 회의를 느끼는 사람들에게 이렇게 말했다.

　"세상에 '나' 아닌 것은 없다. 우주는 '거대한 나'이다. '작은 나'를 망각하고 없애지 않고서는 '큰 나'를 발견할 수 없다. 이미 뭔가로 가득 차 있으면 다른 것이 들어올 수 없다. 내면을 집착하는 욕망으로 채운다면 '신'은 한 발자국도 움직이지 않을 것이다. '나'를 잊고 비워야 신이 내 안으로 들어올 수 있다. 그때야 비로소 신을 만날 수 있다."

그는 정통적인 신학자, 철학자, 천문학자, 법률가로서의 삶을 뒤로하고 춤추는 시인이 되었다. 유네스코는 2007년을 '루미의 해'로 선포했다. 종교를 떠나서 그를 '관용의 상징'으로 보았기 때문이다. 그가 활발하게 활동하던 시기에 유럽에서는 이교도를 화형시키는 마녀사냥을 서슴지 않았을 때였다. 모든 것을 품을 수 있는 그의 넉넉함이 시간이 갈수록 빛나는 이유였을 것이다. 우리나라에서는 잘 알려지지 않았지만 서구권에서 오늘날까지 사랑받고 있는 스테디셀러가 바로 루미의 시편이다.

다시 아타튀르크

메블라나 종단의 종교의식이 모두 금지된 것은 튀르키예의 국부인 아타튀르크의 몇 가지 정책 때문이었다 지금은 서구의 열렬한 러브콜을 외면할 수 없어 일부 허용하고 있다. 그는 이슬람교 수니파를 제외한 모든 종교를 이단으로 선포했다. 이 또한 아타튀르크의 속 깊은 계산에서였다.

세계 대전에서 패하자 대제국 오스만이 망한 것은 순식간이었다. 더군다나 그리스인은 조상의 땅을 되찾는다는 명분 아래 온 국토를 헤집고 다녔다. 국민이 받았을 정신적·육체적 상처는 실로 컸다. 아타튀르크는 국민의 자긍심을 고취시키면서 하나로 뭉칠 수 있는 구심점이 절실했다. '우리가 튀르키예다'라는 것을 보여 주어야 했다.

그는 단일 국가, 단일 종교, 단일 정신, 단일 민족성을 내세웠다. 튀르키예 땅에서 튀르키예어를 쓰면 다 튀르키예인이라고 넓은 의미로 말했다. 튀르키예어가 세상의 모든 언어의 기원이라는 연구를 적극 후

원했다. 그 외의 민족은 이방인이 되었다.

돌궐에서 출발한 투르크족을 뭉치게 하는 데에는 성공했지만 소수민족을 박해하고 추방해야 했다. 종교 또한 마찬가지였다. 이슬람교 수니파를 제외한 모든 종교의식은 금지되었다. 여러 문제점을 안고 있었지만 아타튀르크 정책은 투르크족 입장에서는 긍정적이었다.

지금도 튀르키예인은 아파트 관리실에 아타튀르크 사진을 걸어 놓을 정도로 그를 사랑한다. 튀르키예 십 대는 아이돌Idol을 대하듯 아타튀르크 사진을 가지고 다닌다. 그의 사인을 몸에 새겨 넣기도 한다. 우리나라로 치면 이순신, 김구, 세종대왕의 업적을 한꺼번에 해낸 '신과 같은 존재'가 바로 그였다.

그래서인지 그가 죽을 때까지 15년이라는 장기 독재를 했다는 데에도 이의를 제기하는 사람은 아무도 없다. 심지어 대통령직을 왜 그만두어야 하는지를 이해하지 못하는 사람까지 있었다. 보통 왕조 뒤에 민주주의를 채택한 나라는 얼마 가지 못해서 왕정복고가 이루어지곤 했는데 아타튀르크 정신을 이어받은 튀르키예인은 튀르키예 공화국 100년을 앞두고 있다. 후대에 민주주의가 자리 잡을 수 있도록 정당 정치의 기본을 그가 다졌기 때문에 가능했다. 영국 역사가 액튼 경이 말한 "절대 권력은 절대 부패한다."라는 독재자의 루트를 그는 밟지 않았던 것이다.

아타튀르크1881~1938는 일평생 본인을 위해서는 사치를 하지 않았다. '국부'라는 칭호를 받자마자 이혼했다. 자식이 있으면 술탄처럼 세습할 수도 있다는 우려 때문이었다. 전문직 수양딸 몇을 받아들여 여성의 이미지를 상승시켜 사회 진출을 장려하기 위해서 언론에 노출시켰을 뿐이다.

평생 독신으로 살다가 1938년 11월 10일 오전 9시 5분에 아타튀르크는 심장마비로 생을 마감한다. 매년 11월 10일 9시 5분이 되면 온 나라에 사이렌을 울려 그를 기념한다. 이렇게 아타튀르크는 신화에 가까운 인물이 되었다. 그리고 그보다 7세기670여 년 앞서, 신화에 가까운 사람이 또 있었다. 메블라나 잘랄레딘 루미1207~1273이다.

코니아 메블라나 박물관

이스탄불에서 장장 이틀을 운전하고가는 도중에 다른 곳에도 들렀지만 히잡이나 니캅 쓴 여성을 빈번하게 마주치는, 가장 보수적인 도시인 코니아에 도착했다.

술탄 왕조로 되돌아가기를 원하는 현직 대통령의 지지층이 두터워 정부 지원금을 제일 많이 받는다는 곳. 코니아는 인구 대비 트램이 굳이 필요 없는 도시라고 누군가가 말했다. 그 말이 맞는 듯 텅텅 빈 트램이 매번 도시 한가운데를 가로질러 갔다. 나는 트램 길을 따라 메블라나 박물관으로 향했다.

메블라나 박물관은 1927년이 되어서야 메블라나 영묘가 있는 곳을 개조하여 이름을 바꿔 재탄생했다. 1950년에는 메블라나 추모행사까지 부활했지만 사원으로서의 기능이 되살아난 것은 아니었다.

멀리서는 터키석터키옥: turquoise 옥빛 원추형 뾰족탑으로 분별할 수 있는 박물관 정문으로 들어서면 아기자기한 정원과 손을 씻을 수 있는 정화대, 묘지, 세마젠의 수행 모습 등이 인형으로 재현해 놓은 전시실이 입구까지 길게 이어져 있다.

메블라나 박물관 정면. 정원에는 분수와 작은 무덤들(오른쪽)이 있다. 왼쪽 정자 형태 건물은 손과 발을 씻는 곳이다. 아래에 수도꼭지가 있다.

 나는 견학 온 어린 학생들 뒤꽁무니를 따라 중앙 묘실로 향했다. 대리석 관 위에 각기 다른 터번을 올려놓아 지위를 표시한 이슬람 성인들이 잠들어 있는 묘소를 양쪽으로 끼고 조금 걸으니 황금 자수 벨벳에 덮인 대리석 관 위에 그동안 보았던 것보다 월등하게 크고 화려한 터번과 마주할 수 있었다. 메블라나 루미의 영묘였다.
 그곳에 잠깐이라도 머문 사람이라면 눈부신 그것보다 더 눈길을 잡아끄는 것이 있다는 것을 알 것이다. 나 또한 그랬다. 하염없이 눈물을 흘리는 참배객의 모습이다. 그들 곁에 있다는 것만으로도 나는 시간과 공간을 넘어 내 전 존재를 떨리게 하는 시를 잉태하고 태어나게 한 이슬람의 신비주의자 루미가 여전히 살아 있음을 느꼈다. "사랑이 길이고 우리 예언자의 가르침입니다. 우리는 사랑으로부터 태어났습니다. 사랑은 우리의 어머니이십니다." 그가 했던 말처럼 '사랑'으로 말이다.

박물관 홀 유리 안에 이슬람교 창시자
무함마드 머리카락이 들어있는 함이 있다.
유리 안에 나 있는 구멍에 코를 가져다 대면 장미 향이 난다.
생전 무함마드가 좋아했던 향이다.

튀르키예

메블라나 영묘. 대리석으로 만들어진 관은
황금 자수가 수 놓인 벨벳에 덮여 놓은 단 위에 안치되어 있다.

메블라나 박물관 영묘가 있는 곳.
이곳에 유난히 울고 있는 여인들이 많다.

메블라나 박물관 전시실에 전시된 수행자들의 모습.
드레비시 세마 댄스를 배우기 위해서는 신발을 벗고
저렇게 3일 동안 앉아 있을 수 있어야 한다.

튀르키예

(19)

튀르키예 대지진 때도 끄떡없던 성당, 그 건축의 비밀
핏빛 위에 세워진 아야 소피아

유스티니아누스 황제와 니카 반란

서기 532년 1월 14일. 유스티니아누스 황제와 황후가 원형경기장히포드롬으로 들어서자 성난 군중은 황제를 향해서 외쳤다.

"니카! 니카이겨라!"

자신의 팀을 향해 응원하는 목소리가 아니었다. 군중은 단단히 화가 나 있었다. 황제는 경기를 중단시켰다. 더욱 성난 군중은 경기장을 뛰쳐나가 감옥을 부수고 무차별 방화를 저질렀다. 원로원 의사당, 하기야 소피아 성당까지 불에 타 버렸다.

니카 반란이라고 부르는 이 폭동은 일주일 동안 계속되었다. 겁을 먹은 황제는 측근들과 도망칠 궁리를 하였다. 그때 황후인 테오도라가 황제에게 말했다.

"도망쳐서 안전할 수 있다 하더라도 도망가서는 안 됩니다. 황제로서 부끄럽게 도망가는 일은 있을 수 없습니다. 저는 끝까지 남아서 황궁을 지키겠습니다."

황제와 측근들은 부끄러움을 느꼈다. 젊은 장군 벨리사리우스와 문

그 당시 3만명이 희생된 블루모스크 앞의 길쭉한 터인 히포드롬(원형 경기장)임을 알리는 이집시안 오벨리스크. 경기장은 10만 명까지 수용할 수 있었다고 한다.
13세기 십자군 침입 등으로 유적 대부분이 파괴되었다.

두스를 불러 반란을 진압하게 했다. 이 둘은 군대를 몰래 이끌고 경기장 안으로 들어가서 무차별적으로 군중을 학살했다. 또 다른 환관 장군은 군중이 밖으로 나오지 못하도록 경기장 문을 지켰다. 그때 숨진 백성만도 3만 명이 넘었다.

군중으로부터 얼떨결에 황제에 추대된 전임 황제 조카인 히파티우스를 황제가 용서하려고 했지만 이번에도 황후가 반대했다. "한 번 군중에 의해 제관을 받은 몸이니 나중에라도 반란의 핵심이 될 수 있습니다. 처형하는 것이 마땅합니다." 결국 히파티우스의 목숨까지 빼앗고서야 반란은 진압됐다.

반란의 이유는 몇 가지가 있었다. 마치 오늘날의 정당처럼 청색당대지주와 그리스·로마 귀족들이 주로 후원과 녹색당상인·기술자 등 중간 계층이 주로 후원이라는 양대 파벌을 황제는 과도할 정도로 억누르는 정책을 폈다. 반란이 일어나기 4일 전에도 정당 지도자들을 처형하거나 감금시켰다. 또한 관리들의 부정부패도 심했다. 황후를 향한 불편한 심기도 빼놓을 수는 없었다.

유스티니아누스가 한눈에 반한 테오도라는 이집트 출신 댄서였다. 그녀가 천민 출신이라는 것과 그리스도의 단성론_{콘스탄티노플에서는 니케아 종교회의에서 아타나시우스가 주장한 예수 그리스도가 하느님의 아들이면서 하느님 자신이라는 양성론을 채택했다}을 믿는다는 것에 백성은 분노했다.

황제는 이러한 분노를 없애고 자신의 권위와 교회의 위상을 높이기 위해서 하기아 소피아 성당 재건축을 기회로 삼았다. 백성들에게 책임을 전가하듯 무리한 네 가지 조건을 내걸었다.

"불에 타지 않으면서도 '가장 크고 가장 아름다우며 가장 빠르게' 성당을 완성하라."

아야 소피아 성당

'아야 소피아_{Aya Sofya}'의 원래 이름은 '하기아 소피아_{Hagia Sophia}'이다. 그리스어로 'Hagia_{성스럽다} Sophia_{지혜}'는 '성스러운 지혜'라는 뜻이다. 1453년 비잔틴 제국을 오스만 투르크가 점령하자 '성스럽다'의 아랍어인 'Aya'로 바뀌어 '아야 소피아'가 된다.

눈 덮인 아야 소피아 사원

아야 소피아는 360년 콘스탄티누스 2세 때 세워졌고 이후 화재로 소실되었다가 '니카 반란'을 제압한 유스티니아누스 때인 532년에 재건축에 들어간다. 그로부터 5년. 유스티니아누스가 제시한 가장 빠른 완공 조건을 충족시켰다. 지진만 아니었다면 5년이 아니라 3년이면 충분했을 것이다. 뜻하지 않은 재해는 아야 소피아를 어떤 지진에도 쉽게 무너지지 않는 내진 구조를 구축하게 했다.

6세기에 사용된 내진 공법은 과학적이었다. 주변에서 구하기 쉽고 옮기기 쉬운 화산재를 이용했다. 소금 넣은 화산재를 잘 붙지 않는 벽돌과 벽돌 사이에 넣었다. 벽돌 수분이 화산재에 스며들어 접착제 역할을 하게 했다. 폭신하면서 접착력 강한 화산재는 지진이 났을 때는 벌어졌다가 평상시에는 다시 붙었다. 이런 성질 때문에 1999년 튀르키예 대지진 때도 주변 건물은 무너졌지만 아야 소피아만 건재했다. 사람들은 지진이 나면 무조건 아야 소피아 안으로 들어가야 한다고 말할 정도였다. 물론 불에 타지 않는 화강암 사용으로 화재에도 강했다.

아야 소피아는 현재 로마의 성베드로 성당, 런던의 성바울로 성당, 밀라노의 두오모 성당에 이어 지진과 화재에 강한 네 번째로 큰 성당이 되었다. 완공될 당시에는 세계에서 가장 큰 건축물이었다. 그렇다고 해서 어떤 성당보다 아름답지 않은 것도 아니었다. 오늘날 세계 건축 사상 가장 뛰어난 건축물 중 하나로 평가받고 있다. 유스티니아누스도 인정했다. 헌당식이 있던 537년 12월 27일, 그는 오랫동안 아무 말도 못 하고 서 있다가 솔로몬의 성전을 능가한 기쁨을 들릴락 말락 한 음성으로 말했다.

"오! 솔로몬이여! 나, 그대를 능가하였노라!"

이렇게 유스티니아누스가 내건 네 가지 조건을 충족시킬 수 있었던 것은 당대에 유명한 수학자이며 건축가이자 구조학자인 안데미우스와 기하학자인 이시도루스가 있었기에 가능했다. 그리고 백성들의 희생이 컸다.

중앙 바닥에 녹색, 붉은색의 대리석 석판들이 모자이크 되어 있는
'우주의 배꼽'이라고 하는 오퍼스알렉산드리움(opus Alexandrium).
일종의 중국인들이 품었던 중화사상과 같은 표식이다.

아야 소피아의 전언

튀르키예에서 40일 머물면서 내가 자주 갔던 곳은 술탄 아흐멧 광장이었다. 첫 트램을 타면 6시 20분 정도에 도착한다. 아침 7시가 되어 조명이 꺼질 때까지 은은한 황금빛으로 빛나는 아야 소피아 외관을 감상하다가_{붉은 햇무리가 배경이 될 때면 그 아름다움은 배가된다} 관광객이 몰려올 즈음 다시 아파트로 돌아가곤 했다. 광장을 사이에 두고 아야 소피아를 마주하고 있는 블루모스크_{술탄 아흐멧 사원}도 신비롭기는 마찬가지였다.

아야 소피아보다 약 천 년 뒤에 지어진 블루모스크는 아야 소피아를 모델로 삼았다. 실은 블루모스크뿐만 아니라 모든 이슬람 사원은 고대 로마 시대의 돔과 바실리카 양식을 융합_{직사각형 기둥 위에 둥근 반구의 돔을 올리는 양식}해 지은 아야 소피아 건축 양식을 모방했다고 해도 과언이 아니다. 높이 55m의 정육면체 건물에 지름 30m가 넘는 당대 최대 규모를 자랑하던 성당이자 모스크였으며 박물관이 되었다가 다시 모스크가 된 역사의 격동기 속에서도 살아남은 아야 소피아였다.

1층만도 7m 높이이며 내부는 600톤의 황금이 쓰였고 모자이크는 유리 금박으로 완성되었다_{유리 금박은 눈에 들어가면 장님이 되고 살 속에 들어가면 살이 썩는다}. 외관보다 내부가 더 치명적인 아름다움으로 빛날 수밖에 없었다. 이 치명적인 숭고함은 백성들의 희생, 즉 피 위에 세워진 건축물이었기에 가능했다.

금박 입힌 복도 천장. 아야 소피아가 약탈당한 것은 오스만 제국 때가 아니라 1204년 십자군 전쟁 때 십자군 대장 엔리쿠스 단달로에 의해서였다. 성소에서 여인을 불러 주연을 즐겼을 뿐만 아니라 금이며 집기 등을 모두 훔쳐 갔다.

열세 군데 박물관에 입장할 수 있는 박물관 카드뮤제 카르트를 만들어 나는 다시 이곳을 찾았다. 거대한 돔, 천장에 그려진 예수와 마리아, 알라와 무함마드 및 여섯 명의 칼리프 이름이 새겨진 현판, 메카의 방향을 나타내는 미흐랍Mihrab과 그 뒤 계단 모양의 민바르Minbar, 기둥 구멍에 엄지손가락을 넣고 돌리면 소원이 이루어진다는 소원 기둥, 살아서 숨 쉬는 듯한 수많은 인물 벽화 등을 보고 2층으로 올라가는 오르막 돌길 등을 걸으면서 천오백 년의 시간을 더듬어 갔다. 비잔틴과 오스만 제국, 그리스 정교회와 이슬람교, 수니파와 시아파….

비잔틴 때에는 백성들의 위대한 헌신이 아야 소피아를 살렸다면 오스만 제국 때에는 술탄의 관용이, 튀르키예 공화국 때는 아타튀르크의 지혜가 이곳을 지켜 냈다. 위대한 지도자의 역할을 엿볼 수 있는 곳이 아야 소피아였고 현재 성모 마리아가 그려진 천장을 천으로 가리고 기도를 드리는 기형적 방식으로, 다시 모스크로 변경한 에르도안의 정치적 야욕의 대상이 된 곳도 아야 소피아였다. 그리고 이집트의 비천한 댄서 출신에서 황후가 되어 막강한 정치적 입김을 내뱉었던 테오도라의 목소리로 "이 나라를 지켜야 할 의무로부터 도망갈 곳은 없다."라고 말하는 이도 아야 소피아였다.

천장 쪽에 성모마리아 그림이 있다.
그 양쪽으로 알라와 마호메트라고 적힌 아랍식 장식 글자가 걸려있다.

2층에서 찍은 8미터 성모 마리아 상 그림

"무관심해서 편안할 수 있다 하더라도 무관심하면 안 됩니다. 국민으로서 부끄럽게 방관하는 것은 죄악입니다. 우리는 끝까지 무관심과 방관을 떨쳐 버리고 이 나라를 지켜야 합니다."

아야 소피아 사원을 모방한 블루모스크(술탄 아흐멧 사원). 첨탑이 6개 있다.

> 20

농부가 우연히 발견한 지하도시, 그 상상도 못 할 규모
카파도키아 지하도시

명마의 도시 카파도키아

약 300만 년 전, 3,916m에 이르는 에르지에스 화산이 폭발했다. 어찌나 그 위력이 대단했는지 폼페이 열 배인 200m 화산재로 그 근방을 완전히 덮고도 모자라, 앙카라까지 날아갔다. 화산재는 바닷물과 섞여 응고하기 시작했다. 그 위로 용암이 흘러서 굳었다.

화산 폭발 뒤 빙하기가 찾아오더니 빙하기가 끝날 무렵에는 대홍수가 났다. 거대한 호수가 형성되고 무시무시한 무게와 속도로 빙하가 쓸려 가면서 땅을 깎아 내렸다. 그 자리에 협곡이 생겼다. 협곡은 긴 세월 동안 풍화작용으로 깎이고 깎여 기이한 바위산을 만들어 냈다. 버섯 모양 같기도 하고 동물 모양 같기도 한 그것은 용암의 온도에 따라 하얀색 가장 높은 온도, 붉은색 중간 온도, 노란색 가장 낮은 온도으로 변화를 주기까지 했다.

기이한 암벽이 부드럽다는 것을 안 사람들은 그곳을 파서 주거 공간으로 활용하였다. 유난히 추운 겨울과 더운 여름을 견디기에 암굴 속은 적당한 서늘함과 온기와 습기를 머금고 있었다. 화산이 폭발했던 곳이라 토양까지 비옥했다. 그곳에 살던 사람들은 농사까지 잘 되어 풍요로운 삶을 누릴 수 있었다.

고대 페르시아 사람들은 현지인으로부터 상공업 활동에 필요한 권리를 얻고 대신 그들의 문명과 문물을 현지인에게 전해 주었다. 페르시아인에게 무엇보다 매력적인 진상품이 있었는데 그것은 명마였다. 명마를 얼마나 사랑했던지 페르시아 왕 비문 중에 '카트파투카Katpatuka'라는 문구를 넣기도 했다. '좋은 말을 생산해 내는 도시'라는 뜻이다. '명마의 도시'라는 이름으로 그 일대는 언제부터인가 '카파도키아'라고 불리게 되었다.

카파도키아의 기암괴석은 애니메이션 〈스머프〉의 배경이 되었고 사람들의 관심을 끌었다. 기암괴석으로 솟는 해를 바라보는 열기구 관광 상품이 만들어졌다. 열기구만으로도 성수기 하루 관광수입이 3억 원을 넘을 정도로 튀르키예에서 가장 유명한 관광지가 되었다.

이스탄불 고고학 박물관과 데린쿠유 지하도시

카파도키아를 다녀오고 이스탄불로 돌아온 일주일 뒤 나는 열세 군데 박물관을 갈 수 있는 '뮤제 카르트'를 만들어서 박물관 투어에 나섰다. 아야 소피아 사원 인근에 있는 이스탄불 고고학 박물관부터 시작했다. 이상하게도 박물관 실내에 들어섰을 때 이스탄불에서 730km 떨어진, 쉬지 않고 12시간이나 달려야 도착할 수 있는 '명마의 도시'가 떠올랐다.

스머프들이 살았던 깔때기를 엎어 놓은 듯한 수백만 개의 기암괴석들이 솟아 있는 계곡을 따라 아침 해가 떠오를 때 그 위로 펼쳐질 벌룬의 향연을 창조주처럼 거만스럽게 내려다보고 싶어서가 아니었다. 오래도록 나를 붙들어 맨 것은 '깊은 우물'이라는 뜻을 지닌 지하 도시인 데린쿠유Derinkuyu였다. 내가 박물관을 거대한 묘지로 인식했을 때 어둡고 축축한 지하 도시가 오버랩되었던 것이다.

지하 도시 데린쿠유는 튀르키예 중부 네브셰히르 주 카파도키아 지역 일대에 산재해 있는 200여 개의 지하 도시 중 한 곳이다. 2~3만 명까지 수용 가능하며 지하 8층 깊이는 85m이다. 현재는 지하 1층부터 교회가 있는 4층까지, 약 10% 정도가 관광객에게 개방되고 있다.

참고로 이탈리아 로마에 있는 지하 공동묘지인 카타쿰바Catacumba와는 목적이 확연히 다르다. 카타쿰바는 종교 박해가 시작되자 기독교인들이 종교 활동을 위해서 지하 공동묘지로 숨어 들어간 곳이다. 카파도키아 지하도시는 종교와 상관없는 사람들이 오직 살기 위해서 일군 도시였다. 땅의 역사와 민족의 역사가 다른 아나톨리아지금의 튀르키예는 무수한 침략과 약탈의 접전지였다. 살기 위해서는 피난처가 필요했다. 어느 한 시기에 기독교를 가진 사람이 그곳에 살았을 뿐이다.

그렇기에 시간이 갈수록 인구가 늘고 기술이 발달하여 더 깊고 복잡한 미로를 만들 수 있었다. 적의 침입에 대비해 둥근 바퀴 모양의 돌덩이를 통로마다 설치해 비상시 통로를 막았고 독특한 기호로 길을 표시해 외부에서 침입한 자는 길을 잃도록 여러 갈래의 통로를 뚫어 놓았다.

아주 거대한 규모로 형성된 거미줄처럼 연결된 지하 대피소는 200개에 이르는, 서로 연결되어 있는 지하도시였다. 한 곳이 정복되면 5~8km 이내에 있는 다른 곳으로 탈출이 가능했다. 비상시에 사람이 들어가면 두 달 동안 모든 생활이 가능했다.

오스만 제국이 그곳을 점령했을 때에 이르러서는 이 지하 도시가 쓸

데린쿠유에서 소품을 팔고 있는 할머니

사람과 사람 사이

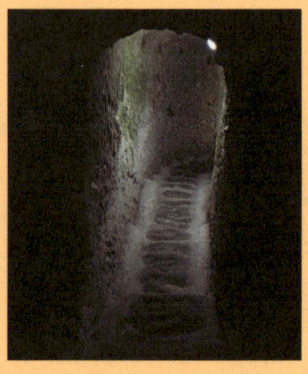

카파도키아 기암괴석 위로 열기구가 날아가는 장면이다. 1인당 200유로 정도이다. 시간은 아침 5시 30분부터 9시까지 (이동시간 포함, 열기구 타는 시간은 30분 정도)이다.

데린쿠유 지하도시 좁은 통로

이스탄불 박물관에 전시된 석관들

알렉산더 대왕의 모습을 한 조각이 새겨져 있어 '알렉산더의 석관'이라는 이름이 붙었지만 그의 유해를 모신 석관이 아니다. 기원전 332년 알렉산더에 의해 시돈의 사트랍(satrap, 封侯)이 된 아브달로니모스를 위해 만든 관으로 밝혀졌다.

모없어졌다. 그들 자체가 정복자였기에 숨고 방어할 필요가 없었던 것이다. 1963년 농부가 잃어버린 닭을 찾다가 우연히 발견하기 전까지는 망각의 장소였다.

박물관 본관의 어두운 조명에 눈이 익숙해지자 나는 좀 더 안쪽으로 걸어 들어갔다. 유난히 사람들이 모여 동영상을 촬영한 곳에서 나도 멈춰 섰다. 알렉산드로스 대왕의 석관이었다. 석관 전체에 알렉산드로스의 활약상이 사실적으로 조각되어 있었다.

그중 이수스Issus 전투^{기원전 333}에서 페르시아 대군을 패퇴시키는 알렉산드로스 대왕의 부조 앞에 섰다. 18명의 사람과 6마리의 말이 치열한 격전을 치르고 있는 장면이 석관 한 면에 펼쳐져 있었다. 석관 맨 왼쪽에 있는, 사자탈을 머리에 쓰고 말을 탄 사람이 알렉산드로스였다. 앞발을 힘껏 들어 올린 말의 등 위에서 창을 높이 치켜든 그의 모습은 금방이라도 승리를 쟁취할 기세였다.

알렉산드로스도 기원전 334년에 단번에 페르시아를 제압하고 카파도키아까지 오긴 했다. 하지만 그곳만은 정복하지 못했다. 지하도시 때문이었다. 지하도시를 언제 누가 제일 먼저 만들었는지 의견이 분분하지만 고고학자들은 인류 최초로 철기 무기를 사용했던 히타이트 사람들일 거라고 입을 모은다.

최초의 평화 조약 카데시 조약

히타이트Hittite는 고대 아나톨리아 지역에 존재했지만^{기원전 1600~1178년} 비교적 최근에 알려진 제국이다.

현재 튀르키예의 보이즈칼레가 히타이트의 수도 하투샤였다. 하투샤는 고원지대로 철 성분이 많은 토양뿐만 아니라 철을 녹일 정도로 풀무 역할을 해 줄 맹렬한 바람이 황야에서 불었다. 이들은 자연을 지혜롭게 이용해서 인류 최초로 철기 제련 기술을 발전시켰다.

철기 제련 기술은 아쉽게도 무기를 만들어 냈고 신개발 무기로 무장한 히타이트 사람들은 그 당시 청동 무기를 사용했던 이집트와 기원전 1274년에 카데시에서 야심 차게 한판 붙었다. 고대사에 최초의 세계대전이라 할 수 있는 전쟁을 시작했던 셈이다.

한판으로 끝날 것 같던 전쟁은 히타이트 무와탈리 2세와 이집트 람세스 2세 때 시작해서 무려 16년이나 이어졌다. 지칠 대로 지친 두 제국은 히타이트의 하투실리 3세가 즉위하는 것을 계기로 전쟁을 멈추고 평화 조약을 맺었다. 세계에서 가장 오래된 일명 '카데시 조약Kadesh Treaty, 히타이트-이집트 조약, 기원전 13세기'이다.

카데시 조약문협정문서의 진본이 이스탄불 고고학 박물관에, 사본이 유엔 본부 1층에 전시되어 있다는 것을 나는 알고 있었다. 이집트어로 같은 내용을 담고 있는 조약문이 룩소르의 카르나크 신전 벽에 새겨져 있는 것을 봤기 때문이다.

세계 최초의 평화조약문은 고대 동방 박물관의 출입구 오른쪽에 초라하고 작은 건물에 보관되어 있었다. 처음에는 그냥 지나쳐 버렸다. 본관에서 나와 지하 무덤에서 묻혀 온 눅눅한 공기를 말리듯 야외에서 햇볕을 실컷 쬐니 그제야 눈에 들어왔다.

수메르, 바빌로니아, 아시리아, 히타이트 문명권의 유물과 유적까지 전시되어 있어서 손바닥만 한 크기인 '쐐기 문자'를 잘 살피지 않았다면, 그리고 해독할 수 없는 고대 문자에 대한 사전 지식이 없었다면 그냥 지나치고도 남았을 거였다. 하지만 쐐기 문자는 도도하게 나를 잡아끄는 마력이 있었다. 고고학자가 된 양 쐐기 문자를 해독하려는 것처럼 그 앞에 오랫동안 서 있었으니까.

내용은 이러했다.

"이집트 람세스 2세와 히타이트 하투실리 3세의 영원한 평화를 약속한다. 두 나라는 평화가 맺어 준 형제이며 서로의 땅을 한 치도 넘보지 않을 것이다. 상대가 외적에 시달려 병력 요청을 할 경우 만족할 만한 병력 지원을 약속하겠다. 전쟁 중에 도망간 포로들은 조건 없이 자국으로 소환할 것이며 그들 가족 또한 본국으로 돌아가서 눈물 흘릴 일 없게 만들 것을 약속한다."

즐길 거리와 볼거리가 많은 카파도키아에서 보냈던 이틀이라는 시간보다 인류 최초의 성문 평화조약문 앞에서 나는 가슴이 떨려 왔다. 세계 역사는 무수한 전쟁의 역사였다. 정복자는 전리품을 거둬들이기에 급급했고 자신의 부를 축적하면서 피의 명예를 돈으로 덧발랐다. 먼 과거와 장소를 소급하지 않아도 되었다. '지금' '이곳'에서도 '자신의 이해관계'로 기꺼이 국민의 생명을 담보로 투쟁하는 이들이 넘쳐 나고 넘쳐 나니까 말이다.

"…그들 가족 또한 본국으로 돌아가서 눈물 흘릴 일 없게 만들 것을 약속한다."라는 문구처럼, 적들까지 배려하는 저 머나먼 시공간의 배려에 절로 고개가 숙여졌다. 눈물 흘릴 일이 많은 요즈음 몸을 숨길 만한 데린쿠유 같은 피난처가 없을까, 라고 중얼거려 본다.

아카드어(Akkad語)로 만들어진 점토판.
아크릴판에 달려 있는 것이 실제 조약문이다.
사진 윗부분은 글자를 크게 볼 수 있도록 만든 모조품이다.

사람과 사람 사이

> 21

튀르키예 경제를 알려면 갈라타 다리 (Galata Köprüsü)로 가라? 원경도 근경도 아름다운 나라

여행을 하다 보면 풍경이 사람이 되고 사람이 풍경이 되는 경우가 있다. 튀르키예에서는 더욱 그랬다. 풍경도 아름다웠지만 만나는 사람마다 친절했다.

구름과 동트기 시작하는 수평선이 있는 골든혼

이스탄불 신시가지에 숙소가 있는 나는 아침마다 첫 트램을 타고 구시가지로 향했다. 신시가지와 구시가지를 연결하는 갈라타 다리를 지나가야 했다. 다리 아래에는 통근용 유람선이 지나다니고 다리 인근에는 시장, 모스크, 선착장 등이 있어 늘 사람들로 붐비는 곳이었다.

새벽부터 비가 내리던 날, 나는 '카라쾨이karaköy' 부두가 있는 정거장에서 충동적으로 내렸다. 파란색과 흰색 바둑판무늬 우비를 입고 장화를 신고 있었다. 이스탄불 겨울비는 밤부터 비가 내리더라도 해가 뜨면 그치곤 한다. 빗줄기가 굵지도 않고 종일 내리지도 않지만 방향을 가늠할 수 없을 정도로 사방에서 뿌린다. 이곳 사람들이 굳이 우산을 들고 다니지 않아도 되는 이유이다.

나를 갈라타 다리에서 멈추게 한 것은 밤새 비를 내리게 했던 구름이 압축형 떡판 보이차처럼 수면 위로 낮게 드리워져 언제 떨어질지 모를 정도로 아슬아슬한 무게감을 연출했기 때문이다. 이에 아랑곳하지 않은 구시가지 언덕 위에는 쉴레이마니예 모스크가 은은하게 빛을 발하고 신시가지 카라쾨이 부두 위에서는 분홍빛 갈라타 타워가 등대처럼 서 있었다. 골든혼과 보스포루스 해협이 만나는 수평선에서는 햇무리가 엷게 번지고 있었다.

이중 구조로 되어 있는 총 길이 490m, 폭 42m인 갈라타 다리

갈라타 다리에서 바라본 구시가지 쉴레이마니예 모스크가 있는 풍경

나는 곧 나를 집어삼킬 듯한 먹구름과 숨바꼭질하듯 다리 위를 서둘러 걸었다. 양쪽 다리 난간에는 낚싯대를 드리운 낚시꾼들이 띄엄띄엄 서 있었다. 누군가에게 들었다. 갈라타 다리 위에서 낚시하는 사람들의 숫자로 튀르키예 경제를 알 수 있다고 말이다.

튀르키예의 경제를 알 수 있는 낚시꾼

튀르키예 경제는 인프라가 잘 구축되어 있는 관광 수입이 압도적이다. 보스포루스, 흑해, 마르마라해, 지중해, 에게해를 끼고 있을 뿐만 아니라 유럽, 아시아와 아프리카에 걸쳐서 8개 국가와 국경을 접하고 있다. 그리스·로마 시대 유적지에 이슬람교 건축물이 들어서서 독특한 문화를 형성한다. 정치적으로도 개방 정책을 펼쳐 접근이 쉽다.

두 번째 경제 수입은 농업이다. 세계 농업 자급자족 7개국 안에 들어간다. 튀르키예 중부 지역 악사라이Aksaray 평원을 달리다 보면 끝없이 펼쳐지는 밀밭을 볼 수 있다. 밀뿐만 아니라 감자, 옥수수와 같은 구황 작물이 잘 자란다. 4모작도 가능하다. 빵 인심도 좋아 식당에서 공짜로 나온 빵을 먹고 싶을 만큼 먹어도 된다.

하지만 물은 돈 주고 사 마셔야 한다. 서쪽 에게해에는 과일 농사가 잘 된다. 올리브는 세계적으로 인정받는 품질이다. 비닐하우스를 설치하지 않아도 제철 과일만으로도 충분하다. 북쪽 흑해 지역에는 견과류가 잘 자란다. 비가 적어 꿀 품질도 우수하다.

세 번째는 철강 산업이다. 크롬 철광 주요 생산국이다. 마르마라해를 따라 철강과 자동차 공장들이 들어서 있다. 2018년 트럼프 대통령이 자국민 목사 석방을 압박하면서 철강 관세를 2배로 올린 적이 있다.

그때 리라 42%가 급폭락한 것도 철강 산업이 튀르키예 경제에 차지하는 비중이 컸기 때문이다.

무역 전쟁으로 리라가 폭락해도 지금껏 견뎌 내고 있는 것은 카타르에서 160조 원 긴급 지원을 받기도 했지만 농업과 관광 산업이 건재해서이다. 소위 먹거리가 풍부해서 굶어 죽지는 않는다. 환율이 낮아지면 관광객이 더 몰리기 마련이다. 하지만 제조업이 발달하지 않아 물가상승은 피할 수가 없다. 환율이 낮고 불안정해서 환전이 비교적 쉽다. 석유 생산국이 아니다. 석유를 수입하기 위해 상당한 돈을 지출한다.

그럼에도 불구하고 튀르키예를 잠재적으로 발전 가능성이 큰 나라로 보는 것은 지리적 여건이 좋은 광활한 땅과 역사·문화적으로도 중요한 유적지가 많기 때문이다. 싼 인력도 비교적 많다.

멀리서 보면 아름다운 풍경이지만 가까이에서 보면?

비교적 싼 인력이 많아서일까. 갈라타 다리에서 낚시하는 사람이 많을수록 실업자가 많다고 하는데, 보슬보슬 비가 내리는 이른 아침에도 많은 낚시꾼들이 다리 난간에서 낚싯대를 드리우고 있었다. 하지만 이들 표정은 밝았다. 내가 다가가자 미소를 보냈다. 다리 중앙에 다다랐을 때는 입구에서 불을 피우면서 커피를 마시던 몇몇 젊은이들이 내게 커피를 권했다. 나는 고개를 흔들고 계단을 따라 아래로 향했다.

갈라타 다리는 이중 구조로 되어 있다. 보행로와 차량 통행로가 있는 2층과 달리 1층에는 카페와 레스토랑이 즐비하다. 다양한 생선 요리와 커피 및 나르길라물 담배를 맛볼 수 있고 밤에는 가게 홀이 댄스 스테이지로 바뀐다. 맥주 판매는 기본이다. 무엇보다 바게트 사이에 구운 고등어 한 마리와 양파, 양배추 등을 끼워 넣고 레몬 소스를 뿌린 '바르크 에크맥고등어 생선 빵'이 유명하다. 하지만 해뜨기 전부터 문을 연 식당이나 카페는 없다.

  조용한 레스토랑 거리를 지나서 베란다처럼 아치형으로 돌출된 전망대로 향했다. 그곳에서 낮게 드리운 잿빛 뭉치 구름과 수평선에서 엷게 퍼지는 햇무리가 조용하게 영역 다툼을 하는 과정을 바라보았다. 너무 집중했던 것일까. 나를 바라보는 사람이 있다는 것도 알지 못했다.

바르크 에크맥(고등어 케밥)

피쉬포인트 레스토랑에서 주문한 음식. 총 120리라(24,000원). 에페스 작은 병 맥주 하나가 30리라(6,000원). 레스토랑 오픈 기념으로 그날, 맥주 두 병 마셨다.

30분이 지났을 때 내게 다가온 남자는 경찰이었다. 그는 통상적인 질문을 내게 던졌지만 그의 얼굴에서 '혹시, 이 여자가 극단적인 선택을 하지는 않을까?'라는 우려를 읽을 수 있었다. 그는 내게 담배가 필요하냐고 물었지만 나는 되레 유람선이 떠 있는 바다를 가리키며 아름답지 않느냐고 했다. 그는 씩, 웃고는 자리를 떠났다.

내가 다시 다리 위로 올라가려고 하자 전망대 바로 뒤에 있는, Fish Point 레스토랑 주인이 이번에는 말을 걸어 왔다. 내게 사진을 찍어주겠노라고 했지만 실은 나를 붙들고 수다를 떨고 싶은 듯했다. 그는 아직 내부 수리가 끝나지 않은 가게 안으로 나를 들어오게 했다. 그리고는 전망이 제일 좋은 자리로 안내하더니 종업원에게 튀르키예 커피를 내오게 했다.

일주일 뒤에 가게를 오픈한다고 입을 뗀 뒤 자신의 딸 결혼식 사진을 보여 주며 자랑을 했다. 내가 커피를 다 마시자 이번에는 애플티를 내오게 했다. 잠깐 숨을 돌리는가 싶더니 그가 느닷없이 자신의 아버지가 오래전에 죽었다고 했다. 한국 전쟁 때문이었다.

한국 전쟁이 일어난 땅에서 온 여행객에게 그는 그리운 듯 아버지 이야기를 했고 마침 유리 너머 수평선에서 만개한 꽃처럼 빛을 발하는 아침 해에 눈이 부신 나는 눈을 감아야 했다. 수면 위로 물드는 빛이 금빛이라고 해서 이곳 '만灣'을 골든혼이라고 했던가. 멀리서 보면 수려하지만 가까이에서 보면 삶의 주름이 보이기 마련인데 튀르키예는 원경도 근경도 아름다웠다.
  내가 튀르키예를 여행하면서 만났던 현지인 세 명 중의 한 사람은 한국 전쟁에 참전한 직계가족이 있거나 친척이 있었다. 내가 가진 약간의 원죄 의식이 그들의 풍경을 더욱 숭고하게 만들었는지도 모르겠다.

갈라타 다리 인근 애미뇌뉘 선착장 풍경

(22)

이스탄불에서 제일 우아하다는
쉴레이마니예 모스크
건축가 미마르 시난의 이루지 못한 사랑의 완성품

이스탄불에는 크고 작은 모스크가 발에 챌 정도로 많다. 규모와 상관없이 외양과 실내가 오래되고 아름답다. 내가 모스크라는 곳에 처음으로 발을 디딘 이유는 아름다운 건축물을 보기 위해서가 아니었다. 순전히 참을 수 없는 욕구 때문이었다.

이스탄불에 도착한 다음 날, 구글 지도를 보고 무작정 골든혼으로 걸어간 적이 있다. 버스 정거장을 지나고 허름한 뒷골목을 지나면서 현지인의 민낯을 보는 듯해 만족해했다. 돌아오는 길은 달랐다. 화장실을 급하게 찾아야 했다. 마침 표지판이 있어 들어갔지만 나왔을 때에야 그곳이 모스크였다는 것을 알았다. 화장실 근처 창구에 있던 남자가 1리라를 내라고 했다.

화장실과 관련된 일화는 또 있다. 매일 이른 아침, 블루모스크 경관을 보러 갈 때였다. 그때도 다급했던 나는 톱카프 궁전 근처에 있는 일찍 오픈한 카페에 들어갔지만 화장실이 없는 곳이었다. 공공 화장실은 개방 전이었다. 당황하던 내게 세비크라는 청년이 다가왔다. 그는 인근 레스토랑 화장실로 나를 안내했다.

사람은 사람을 연결시켰다. 블루모스크 근처에 가게가 있던 세비크는 그 근방의 상점들이 친척이거나 아는 사람들이 운영한다고 했다. 그의 사촌 가족이 운영하는 한 고급 카펫 상점에서는 언제든지 애플티를 마시러 와도 좋다는 말을 들었다.

그와 그의 사촌 이브라함은 나와 죽이 잘 맞았다. 셋은 가끔 모여서 수다를 떨거나 가게가 마감하여 골목으로 나 있는 CCTV 모니터에 이브라함의 형과 아버지가 사라지는 것을 확인하면 불량학생처럼 진짜 호랑이 가죽이 깔려 있는 사무실에서 보드카를 마시기도 했다.

제법 찬바람이 불면서 눈발이 방향 감각 없이 내리던 어느 날, 이브라함이 내게 말했다.

"내가 정말 아름다운 모스크를 안내해 줄게. 특별히 너를 위해서 말이야. 먼저 미마르 시난을 알아야 해."

미마르 시난

미마르 시난Mimar Sinan: 1489~1588은 오스만 제국 때 활동했던 건축가이다. 서양에 다빈치가 있다면 동양에는 시난이 있다고 할 정도로 위대한 건축가에게만 붙는 '미마르튀르키예어로 건축가를 말한다'라는 애칭을 받았다.

90세가 넘도록 술탄 세 명을 거치면서 건축물 350여 개를 세웠다. 이스탄불에서 볼 수 있는 웬만한 건축물 99%가 그의 손에서 탄생했거나 영향을 받았다고 할 수 있다블루모스크와 인도 타지마할도 그의 제자 작품이다. 그야말로 '도시'를 예술품으로 만드는 신의 손을 가진 예술가였다.

그 당시 오스만 제국 술탄들은 그들의 권력을 지키기 위해서 몇 가지 제도를 만들었다. 왕위를 계승할 왕자 한 명을 제외한 나머지를 전부 죽였고 외척 세력을 키우지 않기 위해서 정복지 어린 소녀들을 하렘에서 교육시켜 왕비 후보자로 키웠다. '예니체리'라는 이름의 근위병 또한 이교도 출신 중에서 선별해서 훈련시켰다.

시난은 예니체리 출신이었다. 이교도 석공의 아들로 태어나서 기술적인 교육을 받아 공병이 되었다. 빠른 승진을 하였던 그는 예니체리의 지휘관이 되었을 때 막사를 지은 적이 있었다. 그때 술탄이 그의 재능을 알아보고는 그 재능을 키워 주었다. 그는 자신의 건축 기술과 공학 기술을 가다듬어 도로, 다리 같은 군사 기반 시설이나 요새화 작업에 있어서 전문가가 되었다.

이브라함을 따라가고 있는 곳은 쉴레이만 1세의 명령에 따라 시난이 구시가지에 있는 7개의 언덕 중 한 곳에 세운, 쉴레이마니예 모스크였다. 1550년에 착공해서 1557년에 완공한, 시난의 최고 걸작이면서 이스탄불에서 제일 우아하다는 모스크로 평가받고 있다.

쉴레이마니예 모스크

블루모스크 인근 이브라함 카펫 상점에서 출발할 때는 성긴 눈발이 휘날렸다. 걸을수록 바람은 거칠어지고 눈발도 굵어졌다. 덩치 큰 이브라함은 흡사 군대 행렬 병사처럼 세비크와 나를 이끌었다. 언덕 위로 올라가는 길이라 숨이 찼지만 이스탄불 대학, 그랜드 바자르, 책방 거리를 지났을 때는 눈요깃거리가 많았다.

모스크 주위로는 시장, 학교, 목욕탕 등 부대시설이 모여 있었다. 장사를 했던 이슬람교 창시자 무함마드가 사람이 모이는 곳은 돈이 된다는 것을 알고 부대시설을 적극적으로 권장했기 때문이다. 대부분 사원들은 그곳에서 나온 수익금으로 사원을 운영한다.

15분 동안 부지런히 걸어서 마침내 쉴레이마니예에 도착했다. 십 년을 미국에서 살다 왔다는 장난꾸러기 동생처럼 구는 세비크와 달리 아버지에게 엄격하게 사업을 배우고 있는 이브라힘은 전문 가이드 못지않은 지식으로 이슬람교 장례 절차부터 모스크 안에 낮게 내려온 샹들리에 용도까지 세세하게 설명을 해 주었다. 남자들만 출입이 가능한 예배당에 가서는 화려한 스테인드글라스 돔 천장과 흰 대리석 미흐랍과 민바르를 찍어다 주기까지 했다.

역시나 실내보다는 확 트인 풍경이 한눈에 들어오는 모스크 정원이 나는 더 좋았다. 늘 올려다보기만 했던 모스크에서 갈라타 다리를 여유롭게 내려다볼 수도 있었다. 눈이 이울어 온통 잿빛 풍경이었지만 미끄러지듯 내려갈 것 같은 경사진 곳을 둥근 지붕이 채운 것을 봤을 때 묘한 기분에 빠졌다.

쉴레이마니예 모스크는 술탄 쉴레이만 1세가 자신의 사랑하는 부인 록셀라나와 결혼식을 올린 곳이며 그녀에게 헌정한 사원이다. 사랑하는 사람에게 헌정한 사원을 건축한 시난은 세월이 흘러 이들 부부의 딸인 미흐리마 공주를 사랑하게 된다. 시난은 그녀를 위해서 그녀의 이름과 똑같은 사원을 짓는다.

청혼한 셈이다. 신분과 종교 차이를 극복하지 못하고 서로 사랑하면서도 이루어질 수 없었던 그들. 그녀는 어렸을 적에 약혼했던 사람과 결혼한다. 세월이 또 지나 시난은 죽기 전에 그녀에게 선물을 남긴다. 다른 지역에 공주 이름과 똑같은 사원을 하나 더 지은 것이다.

1년에 딱 한 번 낮과 밤의 길이가 같은 날. 미흐리마 공주가 자주 가던 언덕에 오르면 두 미흐리마 술탄 사원 첨탑 꼭대기에 태양과 달이 각각 걸려 있는 풍경을 볼 수 있다. 낮과 밤의 길이가 같은 춘분 3월

21일. 미흐리마 공주의 생일이기도 했다. 그는 죽어서도 그녀를 놓지 않았던 것이다.

눈발이 다시 시작되자 무게감 있던 이브라함까지 장난꾸러기가 되어 버렸다. 장난꾸러기 두 남자에게 이끌려 언덕을 내려가면서 그 묘한 감정의 정체를 짐작할 수 있었다. 이루어진 사랑보다는 이루어질 수 없는 사랑이 더 큰 에너지를 발산한다는 것. 에너지는 그리움을 먹고 사는데 그 그리움은 또한 창조적 에너지의 원동력이 아닐까, 라는 그런 짐작.

쉴레이마니예 모스크에서 내려다봤을 때의 갈라타 다리가 있는 풍경

쉴레이마니예 사원에 있는 낮은 샹들리에. 코란을 읽기 위해서 낮게 설치했다.

쉴레이마니예 사원에 있는 야외 예배당.
모스크 실내와 야외 예배당 넓이가 같다.
금요일 1시가 되면 야외에 카펫을 깔고 함께 예배를 드린다.

쉴레이마니예 사원 남자들의 공간에 있는, 메카(동쪽)의 방향을 나타내는 미흐랍(Mihrab)

실내 천장 돔. 이즈니크 타일.
우아한 아치들의 연속과 색채 장식. 주위 벽 타일 위로 쏟아지는 경이로운 분위기 연출

이브라함과 세비크

튀르키예

23

황자로 태어났지만 황제가 되지 못하는 비극
황자들의 유배지 뷔위카다 섬

황금 새장과 황금 섬

톱카프톱카피, Topkapi 궁전에 가면 아름다운 이즈니크Iznik 타일로 된 보스포루스 해협으로 창이 나 있는 건물을 볼 수 있다. 그곳을 사람들은 '황금 새장Kafes'이라고 부른다. 황제가 되지 못한 황자들이 갇혀 지냈던 곳. 카페스는 형제 살해 전통을 완화시켰지만 그들은 일평생 갇혀 지내야 했다.

오스만 제국의 상속 제도는 명확하지 않았다. 하렘 출신 노예가 자신의 어머니이든 그렇지 않든 모든 황자들은 아버지의 지위를 상속받을 권리가 있었다. 다만, 그들 중 가장 강한 인물이어야 했다. 아버지 살아생전 권력을 물려받았다고 해도 형제들은 호시탐탐 황위를 노렸다. 황권이 조금이라도 흔들리면 안팎으로 시달려야 했다.

오스만 제국은 여러 식민 국가와 조공 국가를 거느리고 있었다. 황자들은 지방 세력과 손쉽게 손을 잡을 수가 있었다. 뿐만 아니라 그 자신이 총독이 되어 군사력을 키울 수도 있었다. 애초부터 반란을 일으킬 싹을 제거하는 것이 대제국을 살리는 길이었다.

오스만 제국의 역사에서 17번 일어난 술탄 폐위 사건 중 14번이 카페스 이후에 일어났다는 것이 그 증거이다. 특히나 후계자 없이 황제가 타계했을 때는 카페스에 갇혀 있던 세상 물정 모르고 몸이 허약한 황자가 황제가 되었다. 그들은 궁중의 음모에 희생되곤 했다.

카페스 제도는 아흐메드Ahmed, 1590~1617 1세가 만들었다. 1595년, 그의 아버지 메흐메드Mehmed, 1566~1603 3세는 황제재위, 1595-1603가 된 뒤 19명이나 되는 동생들을 같은 날 처형했다. 당시 궁전에는 비명과 울부짖는 소리로 꽉 찼고 아이들마저 죽이는 광경에 모두 경악했다고 한다. 그래서인지 아흐메드 1세는 동생을 죽이지 않고 하렘에 있는 방에 가두었다. 그렇게 해서 황금 감옥인 카페스가 탄생하게 된 것이다.

황자를 외부와 차단시키는 장소로 톱카프 궁전 안에 카페스가 있다면 외부에는 이스탄불 인근에 있는 섬이 있었다. '황금 섬'이라고 불러도 손색이 없을 만큼 풍광이 수려한, 총 4개의 섬으로 묶어 놓은 그곳을 사람들은 '프린스섬Prens Adaları, Princes'Islands'이라고 불렀다. 황자들의 유배지였던 셈이다. 지금은 아름다운 해안가로 그리스풍 별장 건축물이 늘어서 있는, 부유한 사람들의 휴양지가 되었다.

화창한 어느 날 나는 그중 제일 큰 섬인 뷔위카다Buyukada: 명칭 철자는 사용처마다 약간 다르나 이 책에서는 구글 지도 지명을 기준으로 했다로 향했다.

뷔위카다에서의 하이킹 ~~~~~~

이스탄불은 세 개의 바다를 끼고 있다. 바다에 비해 다리가 많지 않다. 특히나 보스포루스 해협은 수심이 깊고 물살이 거칠어 현수교만 설치할 수 있다. 그래서 이곳 사람들은 교통수단으로 주로 배를 이용한다. 뱃삯도 싸다. 정부가 운항하는 배는 이스탄불 카드를 사용할 수 있다. 사설 기관 뱃삯도 비싸지 않다. 프린스 섬까지 10리라2천 원면 충분하다.

나는 혼자서 하이킹할 짐을 꾸렸다. 현지인 두 명이 동행한다고 했지만 거절했다. 여행 스타일이 달라서다. 나는 걸어서 섬 한 바퀴를 돌 예정인데 그들은 내 체력을 따라오지 못할 것 같았다. 결과적으로 현명한 판단이었다.

1시간 30분 동안 배를 타고 마침내 나는 뷔위카다 선착장에 도착했다. 선착장 주변은 북적거리는 식당과 상점들이 즐비했다. 안쪽으로 들어가자 조용한 주택가가 나왔다. 바다로 창문이 나 있는 호화스러운 건물보다 더 사치스러운 것은 풍광이었다.

비교적 따뜻한 겨울에도 해수욕을 즐길 수 있다니, 이만한 별장 자리가 어디 있을까 싶었다. 부유한 사람들의 별장이 많다는 말을 실감하면서 주택가를 벗어나 소나무 숲길로 접어들었다.

나는 선착장에서 3.3km 떨어진 산꼭대기이 섬에서 가장 높은 고도이나 측정은 해 보지 않았다. 500m로 추측할 뿐이다에 있는 성 요르고스 성당Aya Yorgi Kilisesi으로 가고 있었다. 부드러운 흙길을 한참 걷자 이미 쇠락한 고아원 건물이 나왔다. 앞서가는 외국인 커플이 말하기를 그리스 고아들을 수용한 곳이라고 했다. 튀르키예 독립 전쟁 때를 말하지 않나 싶다.

고아원을 품은 숲을 내려가자 좁은 도로와 식당이 보였다. 자동차 운행 금지 섬이라 자동차를 찾아볼 수 없었다. 좌석이 두 개 있는 오토바이나 자전거, 마차가 여행객들을 태운다고 하는데 비수기라 그런지 마차는 찾아볼 수 없었다. 자전거를 빌려서 타는 여행객도 있지만 얼마 가지 못해 사람이 자전거를 짊어지고 가야 할 정도로 언덕이 많았다.

튼튼한 다리로 걸었던 나는 막판 1km 오르막을 오른 뒤 마주한 성당을 보고 환호성을 질렀다. 성당은 소박한 건물이나 사방 트인 바깥은 새파란 바다를 마당으로 들이고 있었다. 마침 수평선에서는 눈을 감아야 할 정도로 백색 빛이 찬연했다.

1751년에 수도원 건물로 지었다는 조그마한 성당 안은 더 눈부셨다. 실내를 가득 채운 것은 오래된 프레스코화 성화가 대부분이었다. 내부 사진은 찍을 수 없지만 신성한 기운에 전율했다. 20리라를 기부하고 촛불 하나를 켰다. 건강한 목숨을 기원했다.

저주받은 황금 피

선착장으로 어떻게 돌아갈까 고민하던 나는 이왕 왔으니 섬 끝까지 갔다가 돌아가기로 하고 8자 모양을 택했다. 그러니깐 절반은 주택가가 바다로 향하고 있는 오른쪽 해변을 걷다가 그 나머지는 다른 쪽 절벽 해안 도로를 걷는 식이었다. 어디로 걷든 이곳에서는 바다 건너 이스탄불이 보인다는 것을 알았을 때 문득 저주받은 황금 피를 물려받았던 그들의 안부가 궁금해졌다.

황자로 태어나서 황제가 되지 못하는 숙명으로 목숨을 잃어야 했거나 세상과 단절된 삶을 살아야 했던 그들. 그들은 이곳에서 어떤 생각을 했을까.

아름다운 이곳에 있으면서도 바다 건너 피비린내 나는 권력을 그리워했다면 그야말로 감옥 같은 생활이었을 것이고, 모든 것을 내려놓았다면 강태공이 되어 온전히 이 풍광을 즐길 수 있지 않았을까.

낚싯대를 드리우자마자 월척을 하는 꿈을 꾸며 나는 돌아가는 배 안에서 꾸벅꾸벅 졸았다. 대략 13km를 네 시간 동안 걸었다. 오랜만에 걸어서인지 몸이 먼저 기지개를 켜며 활력을 선사했지만 피곤이 그림자처럼 몰려왔다. 신기하게도 다음 날 아침이 되면 말짱해졌다. 프린스 섬이 내게 준 찬란한 햇살 덕분이었다.

나는 귀국하기 전까지 프린스 섬 네 군데를 다 돌고도 뷔위카다를 한 번 더 찾았다. 여전히 타고난 역마살을 내려놓지 못한 나는 자유로운 영혼을 자칭하면서 성 요르고스 성당으로 힘차게 걸어갔던 것이다.

뷔위카다에서 가장 높은 언덕에 자리한
성 요르고스 성당(Aya Yorgi Kilisesi)

바다를 향하고 있는 그리스풍 건축물

성 요르고스 성당에서 내려다볼 때 산 중턱 고아원 건물 너머로 보이는 이스탄불 시내

뷔위카다 선착장 중 한 곳

사방 백색 빛 수평선을 볼 수 있는 뷔위카다섬

> 24

'못생긴 곳에서 달콤한 곳으로'
여기 사람들의 생존법
시린제, 현대의 디아스포라

반역의 길이 애국의 길

엄밀히 말하면, 그는 반역자였다. 자신이 모시던 황제의 명을 거역했기 때문이다. 그러나 그는 영웅이 되었고 튀르키예인들은 그를 아타튀르크, 즉 국부國父라고 부른다. 죽어서도 살아 있는 영웅으로 지금도 남아 있다. 그의 반역 이야기를 하자면 오스만 제국 후기까지 거슬러 올라가야 한다.

오스만 후기는 전형적인 제국의 말로를 걷고 있었다. 황제들은 정치에서 멀어지고 사치스러워졌다. 황제뿐만 아니라 제국 내부의 기득권 세력의 요구가 많아졌다. 조공朝貢으로 성장하던 경제구조는 더 이상 확장할 땅이 없어지자 날이 갈수록 어려워졌다.

독일은 전통적인 군사 우방국인 오스만 제국에게 달콤한 유혹의 손길을 내밀었다. 오스만 제국이 코카서스 지역에서 러시아와, 수에즈 운하에서 영국과 싸워 준다면 독일은 전선에서 부담을 덜 수 있기 때문이었다. 또한, 독일은 오스만 제국과 협력한다면 오스만 제국의 천연자원과 중동의 석유도 얻을 수 있을거였다. 이런 계산으로 독일은 오스만 제국과 1914년 8월 2일 이스탄불에서 비밀동맹협정을 맺었다. 거의

3개월간 협정체결의 비밀이 유지되는 가운데, 오스만 군대는 참전 준비를 하고 있었고 이스탄불 해협은 폐쇄되었다. 황제는 전쟁만이 제국을 다시 일으킬 기회라고 생각했다. 하지만 그 기회는 오지 않았다.

제1차 세계 대전에서 독일은 패했고 오스만 제국은 패전국으로 분류되었다. 더군다나 전쟁이 끝난 뒤 1920년 8월 10일에 연합군과 맺은 세브르 조약Treaty of Sèvres은 오스만 제국의 발목을 잡았다. 전쟁에 졌을 경우 이스탄불을 제외한 모든 영토를 포기해야 한다는 서류에 서명을 했기 때문이다.

유럽 연합군과 함께 승전국으로 분류된 그리스군이 튀르키예 땅에 들어왔다. 1832년에 오스만 제국에서 독립했던 그리스는 승전국이었다. 천 년 동안 이스탄불을 수도로 삼았던 나라. 잔류 인구도 많았다. 이 기회에 잃어버렸던 콘스탄티노폴리스이스탄불와 아나톨리아를 손에 넣어야 했다. 옛날과 달리해 볼 만한 게임이었다. 뜻대로 되지는 않았다.

오스만 황제는 세브르 조약대로 이행할 준비를 했지만 국민의 반발이 상상 이상이었다. 국민의 반발에 연합군은 반란군을 진압하라는 요구를 황제에게 전했다. 황제는 다시 무스타파 케말아타튀르크에게 진압 명령을 내렸다.

케말은 깊은 고민에 빠졌다. 지금 반란을 일으키는 사람들을 진압하면 오스만은 끝이다. 반란을 일으키는 사람들이 진짜 애국자다…. 그는 황제에게 등을 돌리고 국민들 편에 섰다.

그때부터 국민들은 반역자가 된 케말과 함께 군대를 만들었다. 원래부터 용맹한 종족인 데다가 지리감地理感을 타고났기에 연합군과 그리스군을 상대로 독립 전쟁을 벌인 2년여 동안 오스만 제국 때만큼은 아니지만 이스탄불을 포함, 지금의 튀르키예 영토 대부분을 수복할 수 있었다. 한때 그리스군이 앙카라 근교까지 진격해 왔지만 실패했다. 케말의 맹활약 때문이었다.

반역자가 되어 국민들 편에 섰던 아타튀르크무스타파 케말 아타튀르크, 1881-1938는 독일에서 군사 교육을 받고 온 유능한 장군이자 협상가였다. 그는 연합군에게 세브르 조약 원천 무효를 주장했다. 연합군은 마침내 두 손을 들었다. 그리스군의 반발도 심했기에 적절한 조율이 필요했다. 연합군은 아타튀르크에게 로잔조약Treaty of Lausanne을 제안하기에 이르렀다.

이스탄불과 에게해튀르키예 서부에 있는 섬들 중 한 곳을 선택하라는 조건이 붙은 조약이었다. 선택되지 않은 곳은 그리스 영토가 되었다. 고민하던 아타튀르크는 에게해 섬을 버리고 경제와 역사의 중심지인 이스탄불을 선택했다. 그리하여 1894년 당시 소유했던 영토인 스미르나현재 튀르키예의 이즈미르, 이스탄불, 동트라키아 등을 회복해서 현재의 영토를 확립할 수 있었다. 그리고 튀르키예와 그리스 사이에 대대적인 민족 교환이 있었다. 사실상 오랜 세월 동안 한 영토에서 기득권자와 비기득권자로 살아왔고 또 위치가 서로 바뀌면서 이들은 섞이고 섞였다. 오늘에 이르러서는 딱히 어떤 종족이 튀르키예 사람이라고 규정할 수가 없음에도 그렇게 했다. 그 당시 튀르키예도 그들만의 구심점 역할을 해 줄 만한 것이 필요했다. 공화국 초기였다. 케말은 민족자결주의 이후로 유독 튀르키예에서는 투르크족만이 살아야 한다는 정서를 활용했다. 각 세계에 나가 있던 투르크족이 튀르키예 땅으로 들어오고 반대로 이민족들을 그들 나라로 추방시켰다.

그때 2백만 명 이상이 이동했다. 그리스에서 튀르키예로 온 사람이 50만 명이라면 튀르키예에서 그리스로 간 사람이 150만 명이었다. 순전히 인종을 구분한 기준은 '종교'였다. 그리스 정교회인이면 그리스로,

무슬림이면 튀르키예로. 시린제 마을에 살던 그리스인들도 그때 떠나야 했다.

시린제

나는 2020년 2월 눈이 부시도록 따사로운 어느 날, 겨울에도 오렌지 향기가 가득한 가로수 길이 조성된 셀추크를 지나서 올리브 나무가 지천인 구불구불한 산길을 한참이나 올라가서야 마침내 시린제(쉬린제)라는 마을에 도착했다.

병풍처럼 산으로 둘러싸여 작은 요새처럼 보이는 마을 입구에 섰을 때 이렇게 중얼거렸다. 이곳이 이토록 아름다운 것은 흘린 피를 자양분 삼아서일까. 다민족, 다국가가 끊임없이 전쟁을 치러야 했던 땅이었다.

'시린제튀르키예어: Şirince'는 튀르키예 속의 작은 그리스 마을이라는 별칭이 있다. 에페소스Ephesos 지역에 거주하던 그리스인들이 15세기 무렵에 이주해서 형성한 마을이었다. 관광객들 사이에 예쁜 마을로 입소문이 나서 지금은 관광지로 특화되어 있다.

시린제 주민들은 그들이 직접 재배한 올리브 제품과 여러 가지 과일로 만든 과실주를 관광객들에게 특산물로 내놓는다. 여름은 시원하고 겨울은 온화한 지중해성 기후 덕에 맛있는 과일이 풍성하다. 특히 오디주가 일품이다.

나는 마을에 도착해서는 마을을 한눈에 조망할 수 있는 식당에서 철판 볶음 요리와 오디주 한 잔을 마시고 나와서는 흰 회벽에 붉은 기와지붕을 얹은 산 중턱 건물들을 한눈에 훑었다. 두 팔 벌려 햇살을 품고 있는 듯한 이 터를 그리스인들은 성모마리아의 가호를 받고 있다고 생각했다.

그들은 이곳을 '못생겼다'는 의미인 그리스어 '체르킨제Çirkince'라고 불렀다. 타국에서 살아가야 하는 그들만의 위장술인 생존법이었다. 하지만 오스만 제국 때도 독자적인 문화를 형성하며 잘 살았던 이곳 사람들은 1923년 10월 29일 튀르키예 공화국이 수립된 뒤에는 보따리를 싸야 했다. 1926년, 이즈미르 주정부에서는 마을 이름을 튀르키예어로 '달콤함즐거움'을 의미하는 '시린제'로 바꾸었다.

나는 달콤한 오디주가 달콤하게 온몸을 도는 동안 느릿느릿 마을을 걷기로 했다. 마을은 골목과 골목이 연결되고 골목 가판대에는 수제 인형과 옷 등이 전시되어 있었다. 한 건물 건너 와인을 판매하는 상점들과 레스토랑이 즐비했다.

한국 드라마에 반해 한국어를 조금 할 수 있다는 튀르키예 여인 두 명이 사진을 같이 찍자고 해서 응해 주고는 그녀들의 소란스러움을 피해 아타튀르크 흉상이 있는 레스토랑 야외 의자에 앉았다. 동상 아래에 해바라기를 하고 있는 노인이 졸린 눈으로 나를 봤다.

"저 흉상이 아타튀르크 맞죠?"

나는 그에게 일부러 큰소리로 물었다.

8세기에 서돌궐에서 이동해 왔을 조상을 둔 투르크족 노인은 아타튀르크를 알아보는 관광객에게 웃으면서 튀르키예어로 한참을 말했다. 직원 대신 사장이 그동안 봐 왔던 가장 화려한 커피 잔 세트에 커피를 내왔다. 커피 잔 옆에 있는 오디주가 투명 잔에 담겨 있었다. 서비스라고 말했다. 나는 마을 이름처럼 달콤한 오디주를 입 안에서 굴렸다.

익숙한 공간에서 벗어나 낯선 환경에 나를 던져 놓고 또 다른 자아를 발견하는 여행을 하는 나를 디아스포라Diaspora라고 자칭했다. 현대의 디아스포라인 나는 지금은 이곳에 존재하지 않는 로잔조약으로 정든 곳을 떠나야 했던, 그리스어를 모르는 그리스인들이 본토에서도 이방인이 되어 대부분 빈민가를 형성하여 살았다고 한다 그리스인 디아스포라를 떠올려 보았다. 그리고는 내 앞에서 사람 좋게 웃고 있는 과거의 디아스포라에게 오디주가 햇살처럼 달콤하다고 말했다. 그리고는 유독 햇살로 반짝이는 아타튀르크 정수리를 오랫동안 바라보았다.

시린제 마을 가옥

시린제 마을 입구

아타튀르크 흉상과 투르크족 노인

지중해 과일로 만든 상품이 진열된 시린제 골목

튀르키에 커피와 오디주

25

클레오파트라도 자주 목욕했다는
'치유의 물'이 있는 곳
신보다는 불굴의 의지를 가진 인간

목화의 성 파묵칼레

　에게해 연안에 있는 데니즐리Denizli는 튀르키예 남서부에 있는 도시 중 가장 크다. 그곳에서 북쪽으로 약 20km쯤 떨어진 멘데레스 계곡에 석회 성분 온천으로 유명한 파묵칼레Pamukkale가 있다. 튀르키예로 파묵pamuk은 '목화木花', 칼레kale는 '성城'을 뜻한다. 파묵칼레는 '목화의 성'이다.

　빙하 같기도, 야간에 개장한 스키장 같기도 하지만 봄가을에는 온도가 30℃, 여름에는 40℃, 겨울에는 15℃ 정도 되기 때문에 이곳 사람들은 좀처럼 눈을 볼 수가 없었다. 이곳에 닿기 위해서는 멘데레스 평야에 끝없이 펼쳐지는 목화밭을 지나야만 했다. 때문에 목화의 성을 쉽게 떠올릴 수 있었을 것이다.

　목화처럼 하얀 석회봉Travertine은 멘데레스 단층이 함몰되면서 분출된 석회 성분 온천수가 1만 4천 년 동안 매년 1mm씩 쌓여서 만든 거대한 하얀 산이다. 석회봉 뒤로는 신성한 도시라고 일컬어지는 히에라폴리스Hiera Polis가 자리하고 있다. 이스탄불에서 버스로 10~12시간 걸리는 이곳을 나는 안식년을 영국에서 보내고 그리스와 튀르키예를 거쳐 귀국한다는 K 교수 부부를 만나 동행하게 되었다.

히에라 폴리스

 매표소에서 입장권을 산 후 우리는 잡초가 나 있는 좁은 언덕길로 들어섰다. 약간 우울한 감정에 사로잡힌 나는 걸음을 멈추었다. 그늘 한 점 찾아볼 수 없는 언덕에서 기원전 2세기경에 번성했던 페르가몬 왕국을 떠올리기에는 내 상상력이 너무 빈약했기 때문이다.
 이곳에 처음으로 고대 왕국을 건설한 페르가몬Pergamon은 로마가 부흥하기 전부터 이미 문명 왕국이었다. 이집트 알렉산드리아 도서관과 비견될 만한 도서관이 있었고 이집트 파피루스 수입이 중단되자 최초로 양피지기원전 190년를 개발했으며 책에 쪽수까지 매긴 곳이었기 때문이다.
 세계 7대 교회가 있는 등 부유했지만 기행奇行을 이어 가던 마지막 왕 아탈로스 3세Attalos III Philometor Euergetes가 왕실 직할지와 재산을 로마 국민에게 증여한다는 유언遺言에 따라 그가 죽은 뒤 페르가몬 왕국은 사라졌다. 그가 제일 싫어하는 사람이 왕위 계승 1순위라는 이유에서였다.
 아탈로스 3세의 기행에 대해 이야기하던 우리는 황량한 들판 한가운데 있는 원형 극장에 도착했다. 손에 땀이 많아서 얇은 면장갑을 끼고 있는 K 부인과 비교적 복원이 잘된 원형 극장에 앉아 있을 때 경기장 한쪽에 세워진 게시판 안내문을 한참 들여다보던 K 교수가 우리에게 약간 흥분된 어조로 말했다.
 "이런 형태로 복원하기까지 31년이 걸렸다고 하네요. 1957년부터 이탈리아 고고학자 파올로 베르조네가 복원을 시작했다고 하니, 그 열정이 믿어지나요?"

원형 극장은 최대 1만 5천 명까지 수용할 수 있다극장 좌석 수는 인구 20%를 수용할 수 있도록 설계된다. 원형 극장에는 대리석 기둥으로 파사드Facade를 만든 귀빈석이 있고 각 기둥에는 조각상들이 있다조각상은 현재 고고학 박물관에 전시되어 있다. K 교수의 설명을 다 들은 우리는 스피커 역할을 하는 원형 공간을 이용하여 상승 기류를 탄 소리가 공명을 일으키듯 계단을 오르내리며 사진을 찍었다.

하지만 1,200기의 무덤이 있는 네크로폴리스Necropolis, 공동묘지로 향할 때는 저절로 엄숙해졌다. K 부인이 얼마 전에 돌아가신 아버지가 솜털처럼 가벼웠다는 말을 했기 때문이다. 로마 시대를 거치면서 오랫동안 번영을 누렸던 페르가몬 왕국이 역사의 뒤안길로 사라졌듯 삶의 뒤안길로 사라진 한 사람도 누군가의 기억에서 잊히기까지 시간이 얼마나 걸릴까.

다시 센티멘털해진 나는 페르가몬 왕국부터 오스만 제국까지 사용했던 소아시아에서 가장 큰 죽은 자들의 도시를 둘러봤다. 무덤 옆에는 아이러니하게도 살고자 하는 에너지가 흘렀는데 이곳 또한 그랬다. 공동묘지 너머 온천장이 눈에 들어왔다.

치유의 물

공동묘지에서 5분 정도 걸으면 이집트의 클레오파트라 여왕이 자주 찾아와서 목욕했다는 고대 수영장인 '테르메 온천욕장'이 있다. 섭씨 35도인 미네랄 온천수가 치유 효과가 있다는 소문에 그리스, 로마, 메소포타미아 등지에서 사람들이 몰려들었다. 그중에는 중병에 걸린 환자들까지 있었다.

눈처럼 하얀 석회봉

치유의 물로 효과가 좋은 이곳을 로마인들은 신성한 도시히에라 폴리스. 그리스어 '히에로스(Hieros)'는 '신성함'을 뜻한다라고 불렀으며 이 도시가 명성을 더 할수록 이곳에서 생을 마감하는 외부 사람들이 늘어났다. 이들을 온천 바깥, 1km 떨어진 공동묘지에 묻었다.

무덤 형태는 시대에 따라 아치, 2층 건물, 원형 분묘 등으로 다양하나 지금은 보존력이 좋은 돌무덤만 남아 있다. 수많은 석관들이 뚜껑이 열리거나 파손된 채 여기저기 널려 있었다. 죽은 자가 생전에 아끼던 물건까지 같이 묻어 주는 관습 때문에 도굴이 잦았다. 도굴을 막기 위해서 도굴꾼을 신고하면 천문학적인 포상금을 주는 신고 제도를 마련하고 메두사의 머리를 석관에 장식하거나 저주의 글들을 새겨 넣기도 했지만 별 효과를 보지 못한 듯했다.

해가 점점 기울어 가려고 하자 삶의 생기를 채우고 싶은 나는 테르메 온천욕장으로 향했다. 미네랄 온천수에 몸을 담그면 미용과 치료 효과뿐만 아니라 마법 같은 경험도 할 수 있다는 말을 듣고서였다.

못생긴 여자도 미녀가 될 수 있고 과거의 죄도 정화된단다. 아마도 혼전 순결을 중시했던 옛날부터 처녀와 총각들이 자주 찾았다고 하니 이 온천수는 관용과 묵계의 상징이라고 할 수도 있겠다. 나도 이참에 클레오파트라처럼 영민한 미녀가 되고 싶었다. 입장료 50리라에 로커 보증금으로 10리라를 기꺼이 내고 입수했다.

신성한 도시는 이 마법 같은 효과 때문인지 로마에 이어 비잔틴 제국도 사랑했다. 11세기 후반 셀주크 투르크족의 룸 셀주크 왕조al-Rum Seljuk의 지배를 받으면서 '파묵칼레'라는 이름으로 바뀌긴 했지만 지배 세력의 변천 속에서도 지속적인 부를 일구었다. 이 도시가 폐허가 된 것은 1354년 이 지방을 강타한 대지진 때문이다. 거대한 자연의 힘 앞에서는 무력했다.

　600여 년 전 신전 기둥 위로 흐르는 온천수에 몸을 띄운 나는 눈을 감았다. 부드러운 손길 같은 미네랄워터는 흡사 내가 클레오파트라가 아닌 비너스가 된 듯한 기분을 선사했다. 순간, 인간으로 남고 싶다는 강렬한 충동에 눈을 떴다.

　대지진 이후 역사 속으로 사라진 이곳을 1887년 독일 고고학자 카를프만이 발견했다. 그 이후로 발굴 및 복원작업을 진행해서 마침내 1988년 유네스코 세계유산으로 지정되었다. 엄청난 힘을 남용하는 신_{자연}보다는 불굴의 의지를 가지고 거친 삶을 복원하는 인간. 나는 그런 인간으로 태어나고 싶은 소망을 품고 온천수에 몸을 맡겼다.

테르메 온천욕장

석양에 물든 히에라 폴리스의 도미티아누스 문.
도미티아누스 황제(Domitianus: 81~96)는 악명 높은 폭군으로서
'제2의 네로'라고도 한다.

히에라 폴리스 원형 극장. 2세기 하드리아누스 황제 때 건설했다.
관객석은 언덕을 이용했다.
배수로가 없는 것으로 미루어 실내 극장이었을 거라고 추정한다.

네크로폴리스

> 26

튀르키예에서 고양이를 죽이면 듣는 말
견주이면서 집사인 튀르키예인들

무슬림들이 경애하는 고양이

내가 한 달 정도 머물렀던 이스탄불 탁심 광장 근처 아파트 단지에는 유독 고양이들이 많이 살았다. 트램을 타기 위해서 언덕 계단을 오를 때에도 담장이나 계단 한쪽에 수도승처럼 앉아 있거나 하품을 했다.

곳곳에 있는 녀석들의 집 앞에는 늘 깨끗한 사료와 물이 담긴 그릇이 있었다. 누군가의 돌봄을 받고 있다는 것을 알 수 있었다. 에페수스Ephesus 유적지도 아야소피아Ayasofya 사원도 그들에게는 집이었다. 사람이 다가가도 전혀 적대감을 표시하지 않고 눈을 내리깐 채 주인 행세를 했다.

맥주 몇 병 사려고 아파트 인근 조그마한 슈퍼에 갔을 때도 콘칩 더미 위에서 늘어지게 하품을 하는 갈색 줄무늬 고양이를 볼 수 있었다. 녀석을 보고 웃었더니 주인 또한 흐뭇한 미소로 나를 보았다. 이스탄불에 머물다 보면 모든 튀르키예인이 '집사'라는 것을 알 수 있다. 놀랄 것도 없다. 이슬람교 창시자 무함마드 또한 집사였다. 그와 고양이에 관한 에피소드가 몇 있다.

어느 날 무함마드가 기도를 하고 있었다. 눈치 없는 독사 한 마리가 슬금슬금 동굴로 기어들어 왔다. 기도에 열중하고 있는 그가 그 사실을 알 리 없었다. 곁을 맴돌던 고양이가 독사 머리를 물어뜯지 않았다면 오늘날 18억 무슬림들이 다른 종교를 가졌을지도 모르겠다. 무함마드는 바로 고양이에게 무릎을 꿇고 감사 인사를 하고는 특별한 선물로 보답했다. 언제 어디서 떨어지더라도 네 발로 안전하게 착지하는 기술이었다. 그 일이 있고 난 뒤 무함마드는 더욱 고양이를 사랑하게 되었다.

어느 날 무함마드가 또 기도를 하고 있을 때였다. 새끼 고양이가 그만 그의 넓은 옷소매 속으로 들어가 잠들어 버린 적이 있었다. 기도를 마쳤을 때에야 그 사실을 안 그는 가위를 들고 조심스럽게 옷소매를 자르기 시작했다. 고양이는 여전히 잠들어 있었다.

무함마드가 총애하는 고양이어서 그런지 유난히 무슬림들은 고양이를 고귀하며 순결한 동물로 여긴다. 심지어 영혼이 있다고까지 믿는다. 그야말로 경애의 대상이다. 무함마드의 언행록 하디스Hadith에 따르면 고양이가 바닥을 기어다니는 벌레를 먹게 해서도 안 되며 묶어서 굶겨 죽이면 지옥행 고속열차를 예매한 거라고 말한다.

혹여나 고양이를 죽였는데 지옥행을 피하고 싶다면 17개의 모스크를 세워야 한다. 왕족도 한 채 짓기 힘든 현실에서 웬만한 사람이라면 죽을 때까지 그 죄를 씻을 수 없다는 말이다.

지옥에 가기 싫어서일까. 이스탄불에서 만나는 사람마다 고양이를 소중하게 보살폈다. 노숙자도 예외는 아니었다. 자신이 먹을 음식이 없어도 고양이 사료를 준비해서 건넸다. 고양이 사료는 특별하다. 무슬림들은 자신들이 먹는 정결한 음식의 상징이라고 할 수 있는 할랄Halal 의식을 거친 고기를 사용해서 고양이 사료를 만든다. 무슬림 고양이들 덕분에 사료 시장에도 할랄 마케팅이 점점 더 자리를 넓혀 가고 있는 것도 사실이다.

그렇다면 무슬림들은 왜 개를 싫어할까.

고양이와 달리 개의 대접은 사뭇 다르다. 개의 경우, 이슬람 전통에서는 만지거나 의도치 않게 몸이 닿으면 다시 샤워해야 예배를 볼 수 있다. 개가 핥은 그릇은 반드시 버리거나 동銅 그릇일 경우에는 그 위로 새로 주석 도금을 해야 한다. 이슬람 신도들에게는 경멸과 접촉 금지 대상이 바로 개다. 무함마드도 개를 꺼려 했다.

서기 610년 메카Mecca, 무함마드의 출생지 인근 산에서 명상으로 신의 계시를 받은 무함마드이지만 처음부터 포교 활동에 성공한 것은 아니다. 혁신적인 율법을 내세운 이슬람교는 기득권 세력과 부딪쳐야 했다. 마침내 목숨까지 위협당하며 쫓기는 신세가 되었다.

간신히 동굴 속에 몸을 숨겼지만 그 주변에서 어슬렁거리던 개가 짖어 대는 바람에 하마터면 발각될 뻔했다. 그 사건 이후 무슬림들은 예언자를 곤경에 빠뜨린 개를 천시했다고 한다. 하지만 실질적인 이유를 다른 데에서 찾는 사람들이 많다.

공중보건학적인 이유 때문이다. 중앙아시아, 소아시아 등 유목 생활을 많이 하는 지역에서는 개를 숙주로 한 기생충 감염이 종종 발생했다. 기생충은 숙주의 대변을 통해 알을 내보내곤 했는데 배변 교육을 받지 못한 개들은 아무 곳에나 배설을 했다. 개 배설물을 영양분 삼아 자란 식물은 가축의 먹이가 되어 결국은 사람에게까지 전해졌다. 하지만 이보다 더 끔찍한, 개를 멀리하는 정서적 거리 두기 풍습이 있었다.

개에게 사람의 시신을 먹였던 것이다. 독수리에게 사체를 먹였던 티

베트의 조장鳥葬처럼 과거 일부 중앙아시아 지역에서는 사람이 죽고 그 영혼이 사후세계에 일찍 갈 수 있게 하기 위해서였다. 이러한 장례 절차는 나무가 부족하여 화장하기 어려운 현지 사정과 부패로 인한 전염병 발생 예방이라는 현실적인 목적이 있긴 했지만 개가 매우 불결한 동물이라는 인식을 심어 주기에 충분했다.

이러한 일반적인 무슬림들의 인식과 달리 같은 무슬림이지만 튀르키예인들은 고양이만큼이나 개에게도 우호적이다. 예로부터 목축을 했던 이들에게 개의 존재는 컸다. 자신들이 회색 늑대 Bozkurt의 후손이라고 민족 창조 설화에서까지 밝혔다. 길거리에서 개를 보면 지나가던 사람들은 멈춰 서서 쓰다듬어 주곤 했다.

개들도 자신들이 사랑받고 있는 줄 알고 스스럼없이 다가왔다. 길거리 개지만 결코 길거리 개가 아니다. 녀석들은 깔끔하고 영양 상태가 좋다. 귀 한쪽에 칩이 달려 있는데 예방 접종을 한, 정부가 관리하는 개들이다. 오스만 제국 때도 개 보호는 여전했다. 이스탄불의 한 가죽 사업가가 술탄을 찾아가서 이렇게 제안한다.

"길거리에 돌아다니는 개들은 미관상 좋지 않고, 위험하기도 하니 모두 잡아서 가죽을 만듭시다?"

"개도 알라가 창조한 생명체이거늘 어찌 보기 싫다고 죽여 버리겠소?"

술탄은 오히려 거리의 개들을 보호하라고 명령한다.

튀르키예의 국견은 캉갈 Kangal köpeği, Kangal Dog이다. 늑대도 잡을 수 있을 정도로 덩치가 크다. 괴뢰메 Göreme에 갔을 때 캉갈을 발견한 나는 가게 주인에게 얼마나 아는 척을 했던가. 이들의 오래전부터 이어져 온

견 사랑은 오늘날에도 변함이 없다.

 이국의 낯선 거리에서 나를 반갑게 맞아 주는 것은 캉갈처럼 크지만 수도승처럼 고요한 표정을 짓는 현지인들이다. 예부터 '싸움꾼'이었던 이들은 견주면서 집사다. 이들의 다른 이면을 볼 수 있는 대목이다.

에페수스를 지키는 고양이

에페수스에 있는 도서관 앞에서 늘어지게 자고 있는 개

캉갈

시장 거리의 개. 자세히 보면 귀에 칩이 달려 있는 것을 볼 수 있다.

(27)

연인의 탑이라 불리는 곳의 '웃기는 스토리'
도시마다 떠도는 이야기들

　귀국 며칠 전이었다. 그동안 이스탄불에 머무르면서 시내 곳곳을 돌아다녔다고 생각했지만 일종의 마무리 같은 이벤트가 필요했다. 마지막으로 '에어비앤비'를 통해서 현지인 가이드가 진행하는 나이트 워킹 투어를 신청했다.
　투어 날짜는 이틀 뒤인 일요일이었는데 가이드는 금요일 밤 날씨가 너무 좋다면서 바로 '오늘' 투어를 하자고 했다. 그는 일요일에 눈이 올 거라고 덧붙였다. 나는 20리라를 주고 산 목도리를 두르고 애미뇌뉘 항구로 향했다.
　메디컬 센터에서 근무하지만 가끔 여행객을 위해서 3~4시간 동안 시내 투어를 한다는 20대 중반 가이드 이름은 아흐메드였다. 그와 애미뇌뉘에서 페리를 타고 아시아 지구인 위스퀴다르로 향했다.원래는 5~10명 정원인데 코로나바이러스19 영향으로 1:1 투어가 되었다.
　이곳 선착장 인근에서는 '처녀의 성크즈 쿨레시, Kız Kulesi'이라고 불리는 '마이덴 타워Maiden's Tower'를 볼 수 있다. 실은 '마이덴 타워' 코스 투어라 신청을 했다.
　마이덴 타워는 예로부터 연인의 탑으로 알려진, 900년 전 비잔틴 시대에 지어진 바다 위 인공 섬이다. 지금은 작은 전용 선박을 이용해서 왕복할 수 있는, 꽤 유명한 '레안드로스Leander'라는 레스토랑이 있다.

비교적 비싼 그곳에서 식사하지 않을 바에는 위스퀴다르에 있는 해안가에서 야경을 즐기는 것도 좋다고 그가 말했다. 우리는 조명에 아름답게 빛나는 모스크가 있는 해안가에서 마이덴 타워를 보았다. 보고 있을수록 점점 빨려드는 듯했다. 내가 아무 말을 하지 않고 있자 그가 입을 열었다.

"옛날 옛날에 어렵게 딸을 얻은 왕이 있었어. 탄생 축하 자리에서 예언자가 말했지. 공주가 열여섯 살이 되기 전에 뱀에게 물려 죽을 거라고. 왕은 딸을 구하려고 고민했어. 마침 좋은 방법을 떠올렸지. 뱀이 살 수 없는 환경을 만드는 거였어. 왕은 흙이 없는 바다에 탑을 지었어. 그곳에서 공주는 아름답게 자랐지. 예언자가 죽는다고 말한 열여섯 살 생일을 드디어 맞이했어. 왕은 너무 기쁜 나머지 공주가 좋아하는 과일 상자를 생일 선물로 보냈어. 하지만 상자 안에는 똬리를 틀고 있는 뱀이 있었지 뭐야. 결국 공주는 예언대로 죽음을 맞이해야 했지."

이야기를 끝마친 아흐메드는 의외로 시니컬하게 코웃음을 치면서 덧붙였다. 그것은 웃기는 스토리란다. 1763년 바로크 양식 탑으로 재건되기 전까지 마이덴 타워는 12세기 비잔틴 제국 때 지어진 해양 초소였단다. 보스포루스 해협을 드나드는 배들을 감시하기 위해서란다.

사실이 어찌 됐든 어둠이 몰고 온 찬바람 속에서도 고귀하게 빛나는 마이덴 타워는 꽃도 피우지 못하고 생을 마감한 처녀의 슬픔처럼 애달프게 빛났다. 실제 사랑 이야기를 바탕으로 전해지는 피에르 로티 언덕과는 사뭇 다른 느낌이었다.

피에르 로티는 이스탄불 구시가지의 에윱Eyup 지구에 있는 해발

200m 정도 되는 언덕이다. 이렇게 불리기까지 프랑스 해군 장교이자 소설가본명은 줄리앙 비오, Julien Viaud인 피에르 로티Pierre Loti, 1850~1923의 영향이 컸다.

1876년 튀르키예 이스탄불 주재 프랑스 상무관에 스물여섯 살인 그가 부임한다. 열정적이면서도 낭만적이었던 그는 호기심 어린 눈으로 이스탄불 곳곳을 돌아다니다가 그만 우아하고 아름다운 튀르키예 여인 아지야데Aziyade를 만나 사랑에 빠지고 만다.

그가 첫눈에 반한 그녀는 이미 다른 남자의 아내였다. 하지만 두 사람은 골든 혼이 내려다보이는 공동묘지 언덕에서 몰래 사랑을 나누곤 했다. 이루어질 수 없는 사랑에 상처를 받은 피에르 로티는 튀르키예 근무를 마치고 프랑스로 돌아갔다. 그리고 1879년에 《아지야데 Aziyadé》라는 제목으로 그녀와의 사랑 이야기를 출판한다.

소설은 프랑스에서 큰 반향을 일으키면서 그는 성공한 시인이자 소설가가 된다. 7년이 흐른 뒤, 피에르 로티는 이스탄불로 다시 돌아와 아지야데를 찾지만 안타깝게 그녀는 그가 떠난 지 1년도 못 되어 목숨을 잃었다는 사실을 알아낸다. 피에르 로티와의 사랑을 알게 된 가족은 그녀를 이슬람 가문의 명예를 더럽혔다는 이유로 명예 살인을 저질렀던 거였다.

그녀의 비극적인 죽음을 알게 된 피에르 로티는 그녀와 사랑을 나누었던 언덕에 자주 올라가 죽은 아지야데를 그리워하며 평생 튀르키예인으로 살아간다. 그 후 이 언덕은 그의 이름을 따서 피에르 로티라는 이름으로 불리게 되었고 그가 머물렀던 찻집도 140년이 넘도록 피에르 로티로 오늘날까지도 남아 있다.

그 언덕을 이스탄불에 온 지 얼마 되지 않았을 때 가 보았다. 패키지 관광객 대부분은 케이블카를 타고 올라갔지만, 나는 다랑이논처럼 조성된 공동묘지를 돌고 돌아 정상으로 향했다. 언덕에 다다랐을 때 보스포루스 해협으로 뻗어 있는 골든 혼Golden Horn이 한눈에 들어와서 환호성을 터트린 기억이 있다.

"그런데 말이야, 그 남자 너무 무책임하지 않니? 지적인 그는 이슬람 문화를 모르지는 않았을 것 아니야? 명예 살인 정도는 알았겠지. 그렇다면 그가 그 여자를 죽인 거나 다름없지 않을까?"

"그녀는 결혼했어. 여자의 몸가짐을 먼저 문제 삼아야 해."

의외로 아흐메드는 튀르키예인인 아지야데를 냉정하게 대했다.

"이크, 너는 너무 가부장적이야. 종교 때문이니?"

나는 나침반처럼 메카를 향하는 바늘이 있는 손목시계를 차고 있는 아흐메드와 열띤 토론을 벌이면서 겐겔쿄이카드쿄이, Kadıköy로 버스를 타고 가서 보스포루스 제1 대교 야경의 아름다움에 홀리다가 다시 버스를 타고 위스퀴다르 선착장으로 돌아와서는 배를 타고 베식타시Beşiktaş로 갔다. 그곳에서 내가 머물고 있는 아파트까지 걸어갔다.

저녁 7시 30분부터 밤 11시까지 바쁘게 돌아다녔던 1:1 투어의 결론은 논쟁의 여지가 있는 이야기로 남았지만 이야기가 특정 장소를 윤택하게 한다는, '스토리텔링의 힘'에는 의견이 같았다. 아파트 근처까지 나를 배웅해 준 그는 2년 동안 가이드하면서 한국인 고객을 처음 만났다며 남은 일정을 잘 마무리하라고 했다. 정말 귀국할 시간이 며칠 남지 않았다.

위스퀴다르에서 바라본 마이덴 타워

피에르 로티(Pierre Loti) 언덕

마무리하며

― 아래의 글은 튀르키예 여행을 다녀온 지 2년이 지난, 2023년 2월 10일에 쓴 글이다. 여행하면서 친분을 쌓았던 현지인들에게 SNS로 2023년 2월 6일 새벽에 있었던 참사에 대한 의견을 물었다. 그들의 안전과 빠른 복귀를 기원하며 이 글을 마무리 글로 대신한다.

"지진세는 대체 어디에 썼는지…" 튀르키예 친구의 일갈
현지 거주 3명이 본 이번 참사…
수만 명 사망한 재난에도 '책임 회피' 급급 정부 비판

　2023년 2월 6일 새벽, 규모 7.8의 강진이 튀르키예와 시리아를 덮쳤다. 7.8은 지난 2016년 있었던 경주 지진5.8에 비해 규모로는 2.0 정도 큰 것인데, 이것을 에너지로 환산하면 약 1,000배의 위력이다.

TRAVEL

8,000km 떨어진 한반도에도 관측될 정도의 강한 첫 지진은 인근의 다른 단층을 깨웠고 이 단층이 두 번째 강진을 발생시켜 피해를 더 키웠다.

사망자 수가 4,000명을 넘어서더니 닷새가 지난 10일, 2만 명을 훌쩍 웃돌면서 2011년 동일본대지진1만 5,894명 때의 인명 피해를 넘어섰다. CNN에 따르면, 최근 20년 내 7번째 최악의 지진으로 기록될 것으로 보인다.

나는 2020년 겨울 동안 이스탄불을 베이스캠프 삼아 튀르키예를 여행한 적이 있다. 그곳에 사는 튀르키예 사람들과 아직도 연이 닿는데, 이번 지진 소식을 듣고 안전한지, 현지 사정은 어떤지 걱정이 돼 연락을 취했다. 이번 지진에 대해 이들은 모두 비통한 마음을 전하면서도, 각자 다른 결의 이야기를 풀어놓았다.

'역사상 최악의 지진' 현지인들은 지금

지진 진앙지인 가지안테프와 비교적 먼 곳인 이스탄불에 거주하고 있는 A는 정부에 대한 불만을 거침없이 토로했다. 30대 후반인 그는 종교에 너무 심취해 있는 사람들을 살짝 무시하며 '버드브레인새 머리'이라고 말했던 선박 엔지니어였다. 심지어 종교 지도자 출신 현 대통령을 강하게 비판했는데 이번에도 마찬가지였다.

에르도안 정부는 인명 구조 골든 타임으로 불리는 72시간을 특별한 대책 없이 시간을 보냈을 뿐만 아니라 20년째 장기 집권 중이면서도 여전히 다가올 5월 조기 총선에만 전념한다는 거였다. 국내 언론도 "이렇게 큰 재난에 준비돼 있기는 불가능하다."라며 "일부 부정한 사람들이 정부를 향해 허위 비방을 늘어놓고 있다."라고 말한 에르도안의 발언을 보도한 바 있다.

심지어 에르도안 정부는 튀르키예 내 SNS 트위터 접속을 차단한다고 했다. 실제 8일현지 시간 인터넷 모니터 업체 넷블록스는 "튀르키예 대부분의 통신·인터넷 사업자가 이용자들의 트위터 접속을 제한하고 있다."라고 밝혔다. 또, AFP 통신 등 외신도 튀르키예 내 트위터 접속이 안 되고 있다고 전했다.

A는 "이렇게 큰 재난"을 준비할 시간이 없었다는 대통령의 발언에 강한 의문을 제기했다. 20여 년간 징수한 '지진세특별통신세'를 어디에 사용했는지 모르겠다는 것이다. 지진을 대비한 건축공법 등과 전혀 상관없는 안전불감증 건축물 시공으로 이번 참사를 더 키웠다는 비판이었다.

2월 6일현지 시간 튀르키예 남부 아다나에서 실종자 수색에 나선 시민들이 강진으로 붕괴한 건물 잔해를 들어 올리는 사진을 보도 매체에서 보았다. 이날 튀르키예에서는 규모 7.8, 7.5의 강진이 잇따라 발생하고 80여 차례 여진이 일어나 건물 5,600여 채가 붕괴했다.

튀르키예와 시리아가 각 단층대와 판들이 만나는 곳에 위치해 있고 그것이 지진의 원인이라는 것을 그곳에 사는 사람들은 경험적으로 이미 알고 있다. 84년 전에도 튀르키예에서 최악의 지진이 발생했기 때문이다.

시나미 대학을 나온 30대 후반 M은 내가 묵었던 아파트 주인이었다. 현재는 중국 통신업체에서 근무하고 있지만 3년 전에는 탁심광장 근처에서 바텐더로 생활하면서 비교적 자유로운 삶을 영위하던 인텔리였다.

그는 튀르키예 인구 중 98.4%가 무슬림수니파이지만 자신은 종교가 없다고 당당하게 말하곤 했다. 무교인인 그는 에르도안이 탁심광장에 이슬람 사원을 짓는 바람에 이직을 해야 했다. 이슬람 사원 근처에서는 술 판매가 금지되어 있기 때문이다.

 M은 담담하게 희생자 수를 내게 전해 주면서도, 이번 참사에 전 세계가 나서서 돕고 있는 모습에 씁쓸함을 느꼈다. 자신의 나라가 얼마나 추락했는지 보여 주는 현실에, 스스로 자괴감을 느끼는 듯했다.

 그는 투르크족이 천 년 동안 이곳에서 살아왔다며, 오스만 제국이 제1차 세계 대전 때 세브르 조약에 서명한 것보다 지금이 더 위기 상황일 수 있다고 말했다. 1923년 오스만제국이 멸망할 때 다행히 아타튀르크가 있어서 터키튀르키예 공화국으로 재탄생할 수 있었지만 지금 어디에도 그와 같은 지도자를 찾아볼 수 없다고 했다. M은 철저하게 세속주의를 내세우면서 튀르키예만을 위해 헌신했던 초대 대통령을 현 대통령과 비교하고 있었다. 결국은 M도 A처럼 돌려서 정부를 비판하고 있었다.

 하지만 예전의 셀주크 튀르크 수도였던 코니아Konya에 사는 S는 전혀 다른 의견을 피력했다. 40대이자 제법 큰 기념품 상점 주인인 그는 이슬람 율법을 따르지 않고 방탕하게 산 결과가 지금의 참사를 불러왔다고 주장했다. 참고로 코니아는 길거리에 히잡 쓴 여성들을 자주 볼 수 있는, 에르도안의 강력한 지지층이 있는 곳이다. 그래서인지 정부 보조금을 제일 많이 받고 있다.

천재이자 인재, 우리가 해야 할 일은

이렇듯 한 나라에서도 지리적 위치지역, 소득 수준이나 성별 그리고 신념에 따라서 이번 참사를 대하는 온도가 달랐다. 이는 '천재天災'가 단순히 천재가 아니라 '인재人災'일 수도 있다는 말이기도 하다.

지진地震은 맨틀mantle 위에 떠 있는 지각판들이 움직이면서 서로 부딪칠 때 나타나는 현상이다. 그 움직임 자체는 자연의 질서이고 조화이며 끝없는 균형 과정이다. 지각들이 '빈틈'을 향해 움직이는 현상이다. 지진은 자연으로 가득 찬 자연 현상일 뿐이다.

하지만 문명이 시작되면서 자연이 '난'으로 느껴지기 시작했다. 자연이 인간적 성취의 과정이자 산물인 문명과 생명을 '파괴'하기 때문이다. 인명이 살상되고 인간적 성취가 무너진다는 점에서 자연에 의한 문명 파괴는 천재天災이면서 동시에 인재人災가 되는 것이다.

진정한 인재는 천재가 발생했을 때 그것에 대응대처하는 인간의 '능력 없음'이다. 충분히 대처할 능력이 있음에도 개인적인 이해관계 등으로 골든 타임을 놓쳐 버리거나, 희생자들과 난민 등 재난에 취약한 계층에 대한 보호를 저버리는 것이다. 무능력한 정부일수록 그 본색이 여실히 드러난다.

그렇다고 마냥 이렇게 시시비비를 가리고 있을 수만은 없다. 조금만 손을 뻗으면 수많은 생명들을 구조할 수 있다. 아주 큰 손길이 아니어도 괜찮다. 깨끗한 물, 따뜻한 헌 옷 등, 우리가 가진 것으로 이들을 도울 수도 있다.

지금은 어떤 이해관계도 없이, 성별·종교·종족 등 모든 것을 초월해서 고통을 공감할 수 있는 '사람들의 연대'가 필요한 때다. 재난災難에서 가해자는 도망칠 수 있지만, 피해자는 오롯이 그 참사지에 머무를 수밖에 없다. 이들에게 손길을 내밀어야 한다.

　따뜻한 사람들의 연대만이 자연 앞에서 인간이 나약하지 않을 수 있는 유일한 방법이 아닐까 싶다.